U0712023

本书为教育部人文社科基金"新药临床试验法律问题研究：从受试者自我决定权切入"（项目编号：17YJAZH081）的最终成果，并得益于中国政法大学大健康法治政策创新中心著作出版基金的出版资助，使得作者有机会将自己对于此问题的研究与大家分享。

王丽莎◎著

论人体试验受试者自我决定与公共利益协同

Lun Renti Shiyan Shoushizhe Ziwo Jueding

Yu Gonggong Liyi Xietong

中国政法大学出版社

2023·北京

声　明　1. 版权所有，侵权必究。

2. 如有缺页、倒装问题，由出版社负责退换。

图书在版编目（ＣＩＰ）数据

论人体试验受试者自我决定与公共利益协同/王丽莎著.—北京：中国政法大学出版社，2023.2

ISBN 978-7-5764-0859-1

Ⅰ.①论… Ⅱ.①王… Ⅲ.①人体－医学－试验－权益保护－研究－中国 Ⅳ.①D922.164

中国版本图书馆CIP数据核字(2023)第032641号

出版者	中国政法大学出版社
地　址	北京市海淀区西土城路 25 号
邮　箱	fadapress@163.com
网　址	http://www.cuplpress.com (网络实名：中国政法大学出版社)
电　话	010-58908435(第一编辑部) 58908334(邮购部)
承　印	固安华明印业有限公司
开　本	880mm×1230mm　1/32
印　张	7.5
字　数	188 千字
版　次	2023 年 2 月第 1 版
印　次	2023 年 2 月第 1 次印刷
定　价	39.00 元

序

王丽莎副教授的新书《论人体试验受试者自我决定与公共利益协同》出版，甚为欣喜，予以祝贺！

丽莎副教授在中国人民大学法学院跟我学习三年。毕业前后，在卫生法学方向深耕近 20 年，对医学和法学相结合的研究有着深厚的理论基础，也有很深入的研究。本书是她长期从事卫生法学研究中的一个重要方向，也是她对人体试验法律问题多年研究成果的总结。

目前，为了人类的健康，应对突发的疫情，需要更快地研制出相应的药物，对患者开展的人体试验也不断增多。疫情具有突发性、不确定性、紧迫性、复合性与危害性等，给国家应急管理和风险治理带来了巨大的挑战。所以，应建立一种与风险社会相适应的"社会治理共司体"，来共同抵御疫情。

在疫情防控的紧急情况下，参与新药研发的人体试验受试者的自我决定权依然不容忽视，该项权利如何与社会公共利益相协调，也是需要认真研究的问题。人体试验受试者享有自主权和自我决定权，已经为许多国家和地区承认，它们是人格权衍生的权利类型，从知情同意提供的消极保护，到人体试验受试者自我决定权的积极发展，是人格权法的最新研究领域。

本书通过对其哲学、认知心理学、宪法学基础的研究，以《中华人民共和国民法典》的规定为基础，明确了人体试验受试者自我决定权的基本概念和内涵，形成了具体的内容体系，并对其与公共利益的协同进行了深入的探讨。这对于在医学和法学相结合的情况下对人体试验受试者保护的理论和实践工作都具有重要的意义，能够为相关理论和实践工作者提供重要的参考。

丽莎副教授的新作有很新深的探索，也有很新的见解，都是十分有益的。祝愿她的研究在卫生法学领域能够发挥更大的作用。

是为序。

中国人民大学法学院教授
中国民法学研究会副会长
杨立新
2022 年 5 月 26 日

内容提要

目前，全球新型冠状病毒肺炎（以下简称"新冠肺炎"）呈暴发趋势，为了更快地研制出相应的药物，对患者开展的人体试验也不断增多。2020 年 2 月 24 日，国务院应对新冠肺炎疫情联防联控机制科研攻关组印发的《关于规范医疗机构开展新型冠状病毒肺炎药物治疗临床研究的通知》要求，开展相关药品临床研究，应该坚持治疗优先、疫情防控优先，坚决防止因此影响患者治疗、影响整体疫情防控工作的开展。从风险社会学的角度出发，新冠肺炎和人类所处的自然环境、社会环境以及社会活动不可预期的后果是密切相关的，具有突发性、不确定性、紧迫性、复合性与危害性等。这种非常态的疫情灾害给国家应急管理和风险治理带来了巨大的挑战。所以，必须建立一种与风险社会相适应的"社会治理共同体"，来共同抵御疫情的蔓延和社会风险的扩散。在疫情防控的紧急情况下，参与新药研发的人体试验受试者的自我决定权依然不容忽视，该项权利如何与社会公共利益相协同，更是需要认真加以研究的内容。

二战后，《纽伦堡公约》确立了人体试验中的知情同意原则。然而，肇始于人体试验的该原则在常规医疗中得到了快速的发展，在人体试验中的研究却停滞不前。我国至今没有保护人体试验受试者的专门法律，人体试验中关于知情同意的相关法律规定散见于医疗卫生、药品、生物制品、医疗器械管理等法律法规之中，实务上也不断出现受试者权利受到侵害的案例。知情同意原则是医疗领域中国际通用的法律原则，然而，该原则植根于侵权法中，强调医疗机构及其医务人员的告知义务，而忽视了人体试验受试者的相应权利，导致其合法权益难以得到切实的保障。人体试验受试者自主权已经被许多国家和地区承认是人格权衍生的权利类型，从知情同意提供的消极保护到人体试验受试者自我决定权的积极发展，是人格权法的一种超越。人体试验中受试者的自我决定权是什么，我国理论界目前研究得并不深入。本书试图通过对其哲学、认知心理学、宪法学基础的研究，明确其基本概念和内涵，形成具体的内容体系。

第一章，主要研究自我决定权的哲学、宪法学和认知心理学的基础。哲学上的自由主义是法学上的自我决定权的思想根基，各国在宪法中对该权利进行明示或暗示的确认，而认知科学通过对人体试验受试者（人体）脑部影响资料等认知功能的获取，为法律上人体试验受试者（受试者）自我决定权的界定与行使提供极为重要的科学支撑。

第二章，从人本主义思想的发展、传统人格权对意志人格保护的缺如、传统人格权的逻辑结构与体系模式的缺陷的视角，对民法上自我决定权研究的必要性进行分析，在对自我决定权的概念、人格权地位及基本构造研究的基础上，进一步探讨受试者自我决定权的相关内容。对人体试验受试者（受试者）自我决定权和知情同意原则的联系和区别，进行深入的探讨，以进一步厘清二者的关系，实现理论的体系化。

第三章，主要研究人体试验受试者（受试者）自我决定权的内容体系，包括权利主体、权利内容和行使权利能力的判断三个方面。每一个有生命的人体试验受试者（受试者）都是自我决定权的主体，未成年人体试验受试者、成年精神障碍人体试验受试者，以及根据认知神经法学的最新研究成果，很多传统方法认定为植物人的人体试验受试者，某些方面也是能够与外界进行沟通、表达自己的意愿的。尽管自我决定权是一项抽象的权利，但是人体试验受试者（受试者）自我决定权的内容应当是具体而明确的。同时，对人体试验受试者（受试者）自我决定能力的基础学说和判断方法进行了详尽的讨论。不过，基于权利主体的复杂性，本章没有对其进行探讨，而是在第四章中分析了对人体试验受试者进行保护的必要性之后进行了详尽的分析。

第四章，对人体试验中受试者的自我决定权进行研究。首先，讨论了人体试验中对受试者权利保护的必要性，分析了研究者-受试者之间的利益冲突和生命伦理原则在人体试验中的应用。其次，要对受试者权利进行保护，需要对研究者的特殊告知义务进行分析，尤其是在双盲、安慰剂对照组的试验设计中。最后，针对未成年人、成年精神障碍患者、受刑人（被监禁的人）以及孕妇和胎儿这些特殊的受试者自我决定权的问题，分别进行了特殊性的分析。

第五章，主要研究人体试验受试者自我决定权与公共利益的协同。首先，指出人体试验的过程，本质上就是受试者的自我决定权与社会公共利益协同的过程，要通过法律和伦理两个方面的相互配合，实现人体试验的最终目标。其次，分析受试者个人利益与公共利益在人体试验中的冲突。最后，提出受试者自我决定权与公共利益协同的基本原则，并从协同学的角度分析，指出法律是系统各种元素、变量非线性相互作用、自组织形成的结果，而人体试验受试者的自我决定权与社会公共利益的协同便应当遵循这些法律形成的秩序和结构。同时，探讨了人体挑战试验中受试者自我决定权和社会公共利益的协同规则，以期能够更快地使新冠疫苗通过人体试验并加以实际应用，从而控制疫情的发展与蔓延的问题。

目　录

引 言

一、研究背景

目前，全球新冠肺炎尽管已经有所控制，但是仍然在不断发展变异。为了更快地研制出相应的药物，对患者开展的人体试验也从未间断。2020 年 2 月 23 日，习近平同志《在统筹推进新冠肺炎疫情防控和经济社会发展工作部署会议上的讲话》指出，要"加快科技研发攻关。作为一种新发传染病，我们对新冠肺炎的认识还比较初步。要综合多学科力量开展科研攻关，加强传染源、传播致病机理等理论研究，为复工复产复课等制定更有针对性和操作性的防控指南。要加大药品和疫苗研发力度，同临床、防控实践相结合，注重调动科研院所、高校、企业等的积极性，在确保安全性和有效性的基础上推广有效的临床应用经验，力争早日取得突破。要加强病例分析研究，及时总结推广有效诊疗方案。要充分运用大数据分析等方法支撑疫情防控工作"。[1] 在党中央的指导下，我国紧急启动研发重组新冠疫苗，并在国内和国际率先进入人体临床试验，验证了灭活疫苗新冠的安全性和免疫原性。2020 年 2 月 25 日，国务院应对新冠肺炎疫情联防联控机

---

[1] 习近平："在统筹推进新冠肺炎疫情防控和经济社会发展工作部署会议上的讲话"，载 http://www.gov.cn/xinwen/2020-02/24/content_5482502.htm，最后访问日期：2021 年 10 月 18 日。

制科研攻关组印发的《关于规范医疗机构开展新型冠状病毒肺炎药物治疗临床研究的通知》称，开展相关药品临床研究，应该坚持治疗优先、疫情防控优先，坚决防止因此影响患者治疗、影响整体疫情防控工作开展。着眼于安全的视角，新的医疗技术、方法、新药或疫苗上市前，各国通常都会要求必须通过毒理试验、动物试验和人体试验，均显示安全后才能应用到常规医疗中。相对于社会大众和研究者从新药专利中所获取的利益，人体试验受试者承担了高度的不确定风险，利益却十分有限。参与非治疗性试验的受试者，无法获得任何医疗利益；其他受试者即使可能从治疗性试验中获得医疗利益，该利益与其所承担的风险相比也有极大的不确定性。面对这种不确定性，受试者凭借一己之力很难保护自己，因为他们的利益在面对资讯和专业知识充裕的研究者、药厂追求庞大商机的诱因，以及社会整体要求医药进步的期待时，可能会妥协。因此，如何借由更精密的制度设计，让受试者尤其是特殊人体试验受试者更具有保护自己的能力，是必须加以考量的问题。

从风险社会学的角度而言，新冠肺炎和人类所处的自然环境、社会环境以及社会活动不可预期的后果是紧密相连的，具有突发性、不确定性、紧迫性、复合性与危害性等。这种非常态的疫情灾害给国家应急管理和风险治理带来了巨大的挑战。所以，必须建立一种与风险社会相适应的"社会治理共同体"，来共同抵御疫情的蔓延和社会风险的扩散。[1] 但是，在疫情防控的紧急情况下，参与新药研发的人体试验受试者的自我决定权依然不容忽视，该项权利如何与社会公共利益相协同，更是需要认真加以研究的内容。

《中华人民共和国民法典》（以下简称《民法典》）第1219

---

[1] 文军："新型冠状病毒肺炎疫情的爆发及共同体防控——基于风险社会学视角的考察"，载《武汉大学学报（哲学社会科学版）》2020年第3期。

条是在《中华人民共和国侵权责任法》（已失效，以下简称《侵权责任法》）第 55 条的基础上，对医疗过程中医务人员告知的内容、告知的对象、取得同意的形式进行的规定，也是对世界范围内达成共识的知情同意原则的规范。该原则从二战后的《纽伦堡法典》开始，不仅应用在人体试验中，更在一般的医疗活动中不断发展完善。然而，随着人体试验受试者权利运动的发展，该原则对于人体试验受试者权利保护的效果日渐式微，在医方告知义务的基础上，人体试验受试者的自我决定权逐渐成为不同部门法的研究重点。

自知情同意原则诞生时起，《纽伦堡法典》虽然强调了"受试者绝对自愿同意"，但是落脚之处却在"每个发起、指导和从事这个实验的个人的义务和责任"。例如，《中华人民共和国医疗机构管理条例》（2016 年）第 33 条"医疗机构施行手术、特殊检查或者特殊治疗时，必须征得患者同意，并应当取得其家属或者关系人同意并签字；无法取得患者意见时，应当取得家属或者关系人同意并签字；无法取得患者意见又无家属或者关系人在场，或者遇到其他特殊情况时，经治医师应当提出医疗处置方案，在取得医疗机构负责人或者被授权负责人员的批准后实施"，《中华人民共和国医师法》（2022 年）第 25 条"医师在诊疗活动中应当向患者说明病情、医疗措施和其他需要告知的事项。需要实施手术、特殊检查、特殊治疗的，医师应当及时向患者具体说明医疗风险、替代医疗方案等情况，并取得其明确同意；不能或者不宜向患者说明的，应当向患者的近亲属说明，并取得其明确同意"，以及原《侵权责任法》第 55 条"医务人员在诊疗活动中应当向患者说明病情和医疗措施。需要实施手术、特殊检查、特殊治疗的，医务人员应当及时向患者说明医疗风险、替代医疗方案等情况，并取得其书面同意；不宜向患者说明的，应当向患者的近亲属说明，并取得其书面同意。医务人员未尽到前款义务，造成患者损害的，医疗机构应当承担赔偿责任"的规定，都是强调广义上的医方的责任和义务，却未明确患方的权利究竟为何。理论研究也多集中在对医方告知义务标准的论述，兼有受试者决定能力的分析。即使有明确人体试验受试者权利的表述，将其称为"知情同意权"，但该称谓并未被民法理论所认可，似有生造权利名目之嫌。

知情同意原则是一项侵权法上的原则，在行使该原则时要注意避免对社会公众行为自由的不当限制，因此，通常对患者或受试者知情并表达自己真实意愿的权利只能提供有限的保护，而实际上患者或受试者自我决定权本身的内容要比侵权法所能提供的保护丰富得多。美国学者 Richard W. Garnett 也主张，在人体试验实践中，告知后同意只是一种仪式性的、匆忙签订的书面协议，难以为受试者提供实质的保护。在一般医疗活动中，立法过于强调医疗机构告知义务的模式，不仅忽略了患者（受试者）权利的丰富内容，在实践中也存在大量的患者及受试者权利难以得到保护的窘境。

例如在 2003 年，徐为（化名）因精神障碍被父亲送进某精神病医院，其父去世后，其兄为监护人。经过十年左右的治疗，徐为的症状得到控制，经司法鉴定确认为精神分裂症，但精神症状已基本缓解。徐为向医院提出了出院请求，医院提出，徐为是在《中华人民共和国精神卫生法》出台前由其监护人送往医院接受非自愿的住院治疗的，所以，他的出院程序也应当由其监护人提出申请并从医院将其接走。但是，徐为的监护人表示"不能照顾"其弟而拒绝接其出院。徐为向法院提起诉讼，2015 年 4 月 14 日，上海市闵行区人民法院对徐为诉其监护人以及上海青春精神病康复院侵犯人身自由案作出一审判决，徐为败诉。判决书称，徐为经司法鉴定为限制民事行为能力人，"本案原告属于非自愿住院治疗的精神疾病患者，不适用《中华人民共和国精神卫生法》关于'自愿住院'的规定，其是否出院，目前仍然需要得到其监护人同意，故被告青春康复院以未经原告监护人同意为由拒绝原告提出出院的要求，并无不妥"。早在 2010 年 10 月，由民间公益组织——"精神病与社会观察"和深圳衡平机构共同发布的《中国精神病收治制度法律分析报告》就指出，我国法律把监护人放在精神障碍患者整个医疗活动的中心，在入院、出院的程序，以及患者个人权利的实际处分中，均以患者缺少自知力无法做决定为由，无视患者本人的意愿，而仅以监护人的意见为准。于是，精神障碍患者一旦被送往医院接受治疗，患者本人便丧失了自主权。[1]

2008 年，发生了国内轰动的李丽云案，产妇李丽云昏迷，而其"丈夫"肖志军明确表示拒绝手术导致产妇及腹内胎儿死亡的事件，对《侵权责任法》的制定产生了不小的影响，然而，该法针对此类极端事件仍然没有给出明确的法条指引。英国 20世纪 90 年代的一系列经法院授权的剖腹产案件中，对产妇欠缺意识能力的一般推定也与患者的自主权发生了冲突。下级法院通过对意识能力概念过于严格的解释，绕过法律的壁垒，甚至公然对实证法上的患者自主权立场发起挑战，这种势头不但在法律教义学上经不起推敲，在伦理上也值得反思。上诉法院虽然在两项判决中遏制住了这一情绪化的异动，但其意识能力理论仍然为家父主义的回潮埋下了伏笔。[2]

实际上，知情同意原则与美国侵权法的告知后同意基本一致，而告知后同意原则起源更早。然而，2015 年 4 月，约翰·霍普金斯大学、约翰·霍普金斯医学院和公共卫生学院、洛克菲

---

〔1〕　"精神分裂症患者因无家属接无法出院，被迫上诉"，载 http：//www.china-news.com/sh/2015/04-15/7207662.shtml，最后访问日期：2021 年 10 月 31 日。

〔2〕　唐超："英国割腹产案件中的患者自主权研究"，载《环球法律评论》2012年第 3 期。

勒基金会以及必治妥·施贵宝药厂（Bristol-Myers Squibb）等被750多人联名提起诉讼，原告称于美国政府20世纪40~50年代在危地马拉进行的医学实验中，被告在当事人不知情的状况下故意使其感染上性传播疾病，并提出了高达10亿美元的索赔金额。原告提出，有1500多名研究对象接受了该项秘密医学实验，在实验过程中，医生让受试者在不知情的情况下感染梅毒和淋病，然后测试盘尼西林是否对疾病控制有作用。实验对象包括儿童、孤儿、雇佣兵、精神病患者、监狱囚犯以及妓女。[1]

从这些案例中可见，知情同意原则仅仅强调医方的告知义务，却从根本上忽视了患者及其他人体试验受试者自身的人格权利，由此导致人体试验受试者的合法权益难以得到切实的保障。实际上，人体试验受试者自主权已为各国承认属于人格权衍生的权利类型，该权利客体不是身体健康权，而是选择的自由权或隐私权。自我决定权自20世纪40年代出现，起源于美国司法判例中的隐私权。从消极的保护到积极发展，是人格权法的一种超越，也是作为一种世界性潮流的自然法复兴的必然结果，人们更注重对于个性、人格特征的自我决定与塑形。然而，即使现实生活中形形色色案件的判决对自我决定权予以某种程度的肯定和认同，但"自我决定权"到底是什么，我国的法律解释并没有确切的论述。因此，人体试验受试者自我决定权仍然具有深刻的研讨价值。

二、研究意义

受试者自我决定权的研究涉及法哲学、伦理学、社会学、政治学甚至心理学等多种学科。自我决定权作为一项新的人格权，

---

[1] "美名校被控传播性病做实验，750名受害者求偿10亿"，载http://news.sohu.com/20150403/n410773889.shtml，最后访问日期：2020年8月11日。

它的规制与完善，涉及实现人的尊严、精神自由、道德自律、行为自主等社会理想。为达到社会资源的分配自由和交换自由的目标，具有重要的理论意义和现实意义。[1]

　　哲学上，康德和密尔都对个人自主性的理论有过经典的论述。康德认为，尊重一个人的自主性是基于对所有人都具有绝对的价值和每个人都有决定自己命运的权利的认可。[2] 他主张，人的行动要把他自己人身中的人性和其他人身中的人性，在任何时候都同样看作是目的，永远不能只看作是手段，或在任何时候都不应把自己和他人仅仅当作工具，应该永远看作自身就是目的。[3] 康德的道德律要设立一个客观标准，主要寻求此标准来分析是否合乎绝对道德客观性。因为人人有尊严，应该彼此尊重。唯有将自己和他人都当成"目的"来看待，才能给予人绝对的客观价值性。我们必须承认每个具有理性、意志的东西，都必须是自由的，该自由是一种意志自律，并且依从自由观念来行动。密尔则将自主性分为个人行为的自主和个人思想的自主。根据密尔的主张，一个人只要在符合法律规范的前提下不会伤害到其他的人，这个人就应该被允许按照其个人的信念去发展自己的自由，以及完善自己。具有真实个性的人，才是天才的个体。[4] 虽然两人对人的自主性的论述角度不同，康德主要从其道德律思想出发，阐明道德命令的绝对性，以"人是目的"作为尊重自主性的基础；而密尔则主要是依据效用理论，从不妨碍、不影响别人的自由和自主权的立场，强调应该尊重人的自主性的原则。

---

　　〔1〕　马俊驹：《人格和人格权理论讲稿》，法律出版社 2009 年版，前言第 1 页。

　　〔2〕　Immanuel Kant, *Fundamental Principles of the Meta physic of Morals*, Philadelphia : University of Pennsylvania Press , 1977 , p. 127.

　　〔3〕　[德] 伊曼努尔·康德：《道德形而上学原理》，苗力田译，上海人民出版社 2012 年版，第 47、52 页。

　　〔4〕　John Stuart Mill, *On Liberty*, in Collected Works of John Stuart Mill, University of Toronto Press, 1997, p. 18, 70.

不过，这两种思想都体现出哲学理论中对个人自主性和自我决定权利的尊重。

人体试验中受试者的自我决定权在人体试验领域的体现就是知情同意原则（告知后同意），但是，作为一项具体人格权，自我决定权的内容和对受试者提供的保护范围要更具有开放性。尤其是随着医学科技的不断进步，知情同意原则虽然已从人体试验领域逐渐扩展至普通医疗中，但是，未来可能还会出现更多的医疗形式，必须以自我决定权来对人体试验受试者的权利进行一个概括的、可满足未来需求的理论建构。

讨论自我决定权的民法空间，就是讨论作为法益主体的人体试验受试者在民法上究竟有多大的自由空间，从而让以往强调医疗机构及医疗试验实施机构告知义务的"知情同意原则"中被忽视的主体，重新以一个具体的"法益主体"的形象在民法教义学上复兴。随着人格权观念的不断深化，民法理论研究和实务部门逐渐确认了一些人格利益为具体人格权利。人格权的保护范围不断拓展，具体人格权的数量也不断增多，就需要对新增的权利类型进行深入的研究。通过对人体试验受试者自我决定权在人格权法中的地位、内容的研究，有助于实现民法人文关怀的价值理念，丰富人格权的内容。

同时，对人体试验受试者自我决定权的研究，有益于形成统一的权利观，从而更好地引导立法者理性地开展工作。通过对该理论的研究，明确人体试验受试者自我决定权的内容及运行规则，使立法者不仅科学地制定出新的法律规范，对不断成熟的理论加以固定。同时，结合知情同意原则的研究成果，建立对人体试验受试者权利的立法保护体系，而且使得该立法体系更有益于指引法的实施、引导法官自由裁量权的适用。基于法治原则的制约，法在实施过程中，现行法的规范不应该被突破。在人体试验受试者及其自我决定权的正确指引下，法治的原则发挥作用使法官的自由裁量权得以限制，而不仅仅是为了协调医患之间的冲突而严重挑战法治。

三、研究现状

当前，自我决定权的概念已经被多数国家和地区逐渐认可和接受。德国、日本的理论和实务上，都在宪法层面上确立了自我决定权（或称自己决定权）的基本权利地位。自我决定权的第一次提出，是美国联邦最高法院在 1973 年罗伊（Roev）诉威德（Wade）案中，以女性的私生活秘密权为名，对妇女终止妊娠的权利进行保护，并将该权利纳入宪法修正案第 14 条"正当程序条款"保护的自由中。而且，美国法院对于自我决定权的范围和限制是通过将其界定在人格权上，[1] 而不是通过对其内涵的丰富进行保护。另外，美国的自我决定权的内容主要是通过大量的州案例法形成，然后，再通过其他法律加以补充，因此，判例中保护的权利较为单一。直至 1974 年，美国纽约州地方法院的判决才首次提出患者的自我决定权，该权利的种类开始增加。后来，患者自我决定权通过州立法和法典不断增加其内容。

受美国法影响，日本学说上提出"自己决定权"，主张给予其宪法上的保护（佐藤幸治，1990）。同时，松井茂记在其专著《司法审查与民主主义》中将"发型以及使用大麻等与个人生活相关的生活方式"列入"私生活私密权中"，是对自我决定权内容的扩充，但是并未真正确认"自我决定权"的概念。后来，得益于为了补充《民法典》第 710 条对具体人格权的规范，日本通过判例对各种具体人格利益从各自宪法体现的人格尊严价值中

---

[1] ［澳］胡·贝弗利-史密斯：《人格的商业利用》，李志刚、缪因知译，北京大学出版社 2007 年版，第 181 页。See. e. g. Roe v. Wade, 410 US 113（1973）.

的具体转化，身体的自我决定权得以确认。[1] 德国联邦宪法法院在解释人性尊严内涵或者连接人性尊严与基本法第 2 条第 1 项时，常导出"自我决定"或"私人的生活塑造"等概念；实务上明确使用"自主决定权"，则首见于德国联邦宪法法院 1978 年的"变性判决"。

从人格权的角度来说，自我决定权是一个发展中的权利，不仅权利的定义尚有变动，权利作用范围及其规范效力也备受争议。人体试验受试者的自我决定权，是自我决定权理论中研究相对较多的部分。德国法上，医师说明义务有基于人体试验受试者自主权产生的、缔约上的说明义务和契约义务。基于人体试验受试者自我决定权（自主权）而产生的，意义在于针对疾病本身可能的发展及疾病治疗的可能风险和副作用，治疗行为对于病人身体的完整性和健康所带来的利害得失，医师应当向其说明，使其是在对于疾病和治疗拥有充分的医疗资讯的情况下，由病人自由考虑疾病和治疗间的风险自主选择，并由病人自己承担自主选择下的可能风险。[2] 日本的判例首次在"耶和华教派"输血案中确认了患者对于身体的自我决定权，植木哲的《医疗法律学》对"人体试验受试者自我决定权"的含义进行了简要的介绍，五十岚清也在其 2009 年出版的《人格权法》中对"自我决定权"做出了界定。我国民法学者中，马俊驹教授在《人格和人格权理论讲稿》中，提出保护意志自由的"意志决定自由权"，与自我决定权异曲同工；李震山教授认为，自我决定权是人格权及人性尊严保障之核心，人格权之权利属性，至少包括人格发展

---

［1］ 邓曾甲：《日本民法概论》，法律出版社 1995 年版，第 116 页。

［2］ 翁玉荣："从法律观点谈病患之自己决定权及医师之说明义务"，载《法律评论》2000 年第 1~3 期合刊。

权及人格受尊重之权。[1] 换句话说，每个人都是有尊严的个体，都有权利根据自己的人生观、价值观和生活理念，自主选择和决定自己想要的生活和工作方式，而不会因为其他的人和事而丧失自我决定的权利。杨立新教授在 2011 年出版的《人格权法》中，对自我决定权的含义、性质、保护等多方面做了较为详细的介绍，不过未对人体试验受试者的自我决定权展开进一步的探讨。

总结国内外人体试验受试者自我决定权研究现状，一方面，比较局限在粗浅的介绍性研究阶段，尚未建立起较为完整的制度体系。既往的研究主要涉及自我决定权的基本概念界定，将"人体试验受试者自我决定权"的概念正式提出仍然是目前研究的关注点，对于人体试验受试者自我决定权的制度考察、法律适用、制度设计等方面尚待深入挖掘。另一方面，局限在单纯的理论性研究阶段，缺乏制度指向性。既往的研究大多从法理出发，单纯地从理论到理论，没有紧密结合现有的民事制度，论证抽象缺乏制度指向性。经济、社会的变迁中，自我决定权将会不断地被校正、补漏、创新，进而发展成为广泛应用的权利。因此，应当在完善自我决定权的概念、性质、行使界限等内容的基础上，将该制度进行完整建设，扩充其所规制的内容。因此，本研究旨在从理论上厘清该权利在人格权上的法律地位和内容，明确其适用规则，从而解决人体试验受试者参与和退出试验的自由等问题。

本书认为，人体试验受试者自我决定权的内容体系包括权利主体、权利内容和受试者行使权利能力的判断三个方面。首先，每一个有生命的人体试验受试者都是自我决定权的主体，不仅包括未成年人体试验受试者、成年精神障碍人体试验受试者，而且，根据认知法学的最新研究成果，很多传统方法认定为植物人的人体试验受试者，某些方面也是能够与外界进行沟通、表达自

---

[1]　李震山："胚胎基因工程之法律涵意——以生命权保障为例"，载《台大法学论丛》2002 年第 3 期。

己的意愿的，因此，本研究同样将其纳入人体试验受试者自我决定权的主体范畴。其次，尽管自我决定权是一项抽象的权利，但是人体试验受试者自我决定权的内容应当是一项具体而明确的规则，才能够更好地指导人体试验的实践开展。实际上，人体试验受试者自我决定权受到漠视的一个重要原因，就在于很多人体试验受试者在传统理论和实践中被认为是没有自我决定能力的，因此，必须对人体试验受试者自我决定能力的基础学说和判断方法进行详尽的讨论。最后，尽管人体试验受试者对生命决定的界限问题本不在人体试验受试者自我决定权的体系范畴，但是，因为其涉及人体试验受试者是否享有选择安乐死的权利，所以在伦理和法理上同样值得认真研究。

四、研究方法

（1）比较法与历史分析法。通过对自我决定权概念的演进推演，厘清患者自我决定权和一般人格权、知情同意原则的关系；借鉴不同国家和地区立法例，并予以适当的本土化借鉴。

（2）理论研究与实证分析相结合。在理论研究进行的同时，适当进行实证调研分析，找寻司法实践中知情同意原则和一般人格权难以解决的患者权利保护困境，将其与理论相结合。反过来深化理论研究，从而进一步指导立法和司法实践。

（3）法律和认知神经科学结合的方法。运用认知神经科学（脑科学）的知识，借助于以核磁共振为代表的先进仪器对人的神经与大脑进行研究。将认知神经科学与具体法律问题联系起来进行讨论，探讨不同情形、不同患者自我决定权的行使规则。

第一章　人体试验受试者自我决定权理论基础

　　从宪法的观点来看，由于自治与自决是宪法人性尊严的核心内容，因此，在正当行使基本权利的范围内，每个人自治自决的机会都应当得到充分的保障与尊重。考虑到医疗行为的成败与人体试验受试者的身体健康有重大的利害关系，因此，人体试验受试者参与医疗决定应属于正当行使权利的行为，人体试验受试者的自我决定权应受到充分保障与尊重。此外，学说上还从"伦理学上的要求""社会学中的要求"等不同层面，找到了肯认人体试验受试者自我决定权的理由。

　　首先，从伦理学的观点而言，人体试验受试者对医疗行为具有自我决定权，是维持人体试验受试者人性尊严所必须的，因为每一个人都有机会按照自己之意思决定自己的未来，决定何种事情对自己而言是愿意去追求的幸福。康德认为，尊重一个人的自主性是基于所有人都具有绝对的价值和每个人都有决定自己命运的能力。[1] "人"作为理性存在物所具有的道德律令最高原则的自由意志的自律性使得所有的理性存在物成为神圣的道德律令的主体。[2] 在实施人体试验之前，研究者应当将试验预期的目的和可能的后果如实告知受试者，征求受试者的意见，并尊重受

---

　　〔1〕　KANT, *Foundations of the Metaphysics of Morals*, Philadelphia: University of Pennsylvania Press, 1971, p. 127.

　　〔2〕　［德］康德：《实践理性批判》，邓晓芒译，人民出版社 2004 年版，第 120 页。

试者的决定。其次，尽管社会学中分支学科众多，但"人的自我实现与自我决定"是其核心内容。社会学家认为，人格是一个逐渐形成并提升的过程，在这个过程中人的意志使得人格不断发展。[1] 同时，他们也会借鉴心理学上的理论，比如弗洛伊德人的本我、自我和超我的人的自我实现三阶段论。"本我"是人处于潜意识的人格状态，"自我"是处于仅反映客观实际的人格状态，而"超我"是人在自我决定和实现之后所塑造的人格状态。[2] 因此，社会学中意志的自我决定实现了人格的最高本质。再其次，从医学面向而言，医学知识本质上是一种经验主义的，从严格意义上说，每一位医师所采取的医疗行为都只能算是一种对治愈盖然性较高的选择，从而，倘若有多样替代方式可行，应如何抉择且愿意冒何种医疗行为施加在自身上的风险，应当由医师先对人体试验受试者充分说明之后，再由人体试验受试者自己决定较为妥当。最后，从医疗组织面向观察，由于在官僚体制下，医院成为一个中性化、非人性化的医疗组织，且医师独占医疗的局面是由国家控制的，因此，医师的业务是具有公的性质的业务。所以，在医疗过程中，必须赋予人体试验受试者类似于一般行政机关侵害人民基本权利时应该符合的"医疗正当程序"的程序保障，也就是说，医师必须先对人体试验受试者充分说明，并征得人体试验受试者同意，才可以对其进行医疗行为。[3]

　　另外，某种意义上说，人体试验的受试者均具有弱势群体的属性。一是因为临床试验具有风险性。正如美国国家生物咨询委员会曾在一份报告中指出的那样，从某种意义上来说，由于大多

---

〔1〕 ［美］欧文·戈夫曼：《日常生活中的自我呈现》，黄爱华、冯钢译，浙江人民出版社1989年版，第17页。

〔2〕 参见［奥地利］西格蒙德·弗洛伊德：《自我与本我》，涂家瑜等译，台海出版社2016年版，附言。

〔3〕 王皇玉："医疗行为于刑法上之评价"，台湾大学法律学研究所1995年硕士学位论文。

数医学研究的风险与结果的不确定性，所有受试者都属于弱势群体。[1] 二是因为受试者的法律权利虚化。临床试验所涉及的受试者知情权、生命健康权、自主决定权、隐私权等大部分权利都属于宪法中的基本权利，但是这些权利都是"应然的权利"。从权利实现角度来看，只有当这些"应然权利"转化为"实然权利"，他们才能得到有效保护。《药物临床试验质量管理规范》（国家药监局、国家卫生健康委发布，2020 年 7 月 1 日起施行）第 3 条规定："药物临床试验应当符合《世界医学大会赫尔辛基宣言》原则及相关伦理要求，受试者的权益和安全是考虑的首要因素，优先于对科学和社会的获益。伦理审查与知情同意是保障受试者权益的重要措施。"

在社会学中，自我决定权体现为意志自我决定理念，人的自我实现和自我决定是其核心内容，它所包含的分支学科基本都是围绕着"人的自我决定与自我呈现"而展开的。人们通过模仿其他人或物进行自我的设计和塑造，扮演不同的社会角色，在不同的社会关系中从事不同的社会活动，在这一过程中不断地改进和完善自己的社会角色，从而达到自我认同的目的。在某种意义上，就这种面具体现了我们对我们自己所形成的观念——我们不断努力奉行的角色——来说，这种面具是我们更真实的自我，我们想要成为的自我。最终，我们对我们自己的角色的观念成了第二天性，成为我们人格中的主要部分。[2] 同时，社会学家还借鉴了弗洛伊德关于人的自我实现的三个阶段理论，"本我"代表人处于潜意识的人格状态，"自我"代表人处于仅仅反映客观实际的人格状态，而"超我"则代表人在自我决定与实现之后所

---

〔1〕　Ethical and Policy Issues in Research Involving Human Participants. U. S. , NBAC. 2008.

〔2〕　［美］欧文·戈夫曼：《日常生活中的自我呈现》，冯钢译，北京大学出版社 2008 年版，第 17 页。

塑造的人格状态。这是一个人格不断提升的过程，所以，社会学中的自我决定是人格的最高的本质的实现。

总之，对人体试验受试者自我决定权的保护不仅当从应然层面上提出理论逻辑上的支持，而且从证明序列上也可以发现其具有应当受到保护的优先性。强调人体试验受试者自我决定权不仅是建设法治国家的内在要求，还是实现实质平等的题中应有之义，是现代社会"权利本位"的特有表征。在"权利本位"的场域中，权利处于主导地位，义务服从于权利，义务的设定是为了保障权利的实现，[1] 权利是实现社会公平正义的重要诉求。由于自我决定权属于社会共同的价值，[2] 因此，无论从宪法学、伦理学或社会学上的观点出发，均应肯认人体试验受试者在医疗过程和人体试验过程中，有对于医疗行为或人体试验行为可能造成的风险表达接受与否的自由，亦即具有自我决定权。

第一节　人体试验受试者自我决定权的哲学理论

一、康德哲学中的自我决定

自我决定的法哲学基础，可以追溯到 19 世纪德国古典哲学家康德的法哲学思想中。他认为"人是目的而非手段"，因此，人是唯一具有理性的动物，作为理性的存在者，其具有理性的特质决定了人必须是被尊重的对象而不是达到目的的工具。也就是说，康德的哲学是先建立先验理性的"道德律"，进而强调"意

---

〔1〕 张文显：《法哲学范畴研究》，中国政法大学出版社 2001 年版，第 368 页。
〔2〕 李建良："拒绝输血与信仰自由"，载《台湾本土法学杂志》2000 年第 17 期。

志的自由"，且此种"自由"便是通往道德世界唯一能与幸福分配相和谐的必然的条件。[1] 自由的理念意味着的不是完全不受限制的自我决定，而是自我立法，亦即以普遍法则为根据的自我决定。道德行为的本旨在于通过使个人准则服从于具有普遍法则资格者的条件，克服与道德法则的命令相抵触的倾向。[2] 自由以及通过自由而构建的道德人格，是每一个理性的存在者（rational being）的固有的、内在的、规定性的特征。正是自由意志或自由的拥有给予每一个理性的存在者以道德价值——一种对于所有理性的存在者而言平等的绝对的道德价值。[3] 康德的自由概念，在实践理性的层面才能发挥它的功能，而且它与一切有理性者的关系密不可分。

康德对自由采用了四种不同意义的概念：

第一，自由是对不受自然因果律支配而言：康德在《纯粹理性批判》中建立起"纯粹理性的二律背反"先验理念的第三个冲突，以正反题的形式来说明自然的因果性不是世界唯一的因果现象，必须坚定一种因果性来自自由。[4]

第二，积极的自由是对意志自律而言：康德在《道德形而上学原理》中提到，自由概念是阐明意志自律性的关键。这里康德是先行肯定自由必须是有理性者的意志的特性，借由有理性者的存在是事实来论证自由的可能性。他也称这种自由为"纯粹理性

---

〔1〕［德］康德：《纯粹理性批判》，邓晓芒译，人民出版社 2004 年版，第 572~573 页。

〔2〕Immanuel Kant, *The Metaphysics of Morals* (*Maty Gregor trans.*, 1991) (1791), *213-14, 221-3, 225-7, 379-80 & n. *, 383, 394, 397, 405.

〔3〕［美］戴维·G. 欧文主编：《侵权法的哲学基础》，张金海等译，北京大学出版社 2016 年版，第 164 页。

〔4〕［德］康德：《纯粹理性批判》，邓晓芒译，人民出版社 2004 年版，第 327 页。

对自己的实践能力"。[1]

第三，消极的自由是对意念独立于感性冲动而言：康德在《道德形而上学》中提到，在实践的理解上，自由是指意念独立于来自感性冲动的强制性。[2] 他的意思是说，人类有一种能够独立于感性冲动而做出自我决定的能力。[3] 这种自由被康德称为"消极的自由"，是指意念独立于经验世界与自然规律的因果系列，也就是用理性来判断，不受感性的影响。

第四，自由是对意念的抉择力而言：康德在《道德形而上学》中说，法则来自意志，准则来自任性。任性在人里面是一种自由的任性；仅仅与法则相关的意志，既不能被称为自由也不能被称为不自由，因为它与行动无关，而是直接与行动准则立法（因此是实践理性本身）有关，因此也是绝对必然的，甚至是不能够被强制的。所以，只有任性才能被称作自由的。而这种"任性"便是意念的抉择力。[4] 他说，律则（道德律）来自意志，格准则来自意念。后者在人类意念中是一种自由的意念。意志不涉及律则以外的事，所以不能视作自由或不自由，因为它不指涉行为，而只直接地指涉对行为格准的立法（因而涉及实践理性自己）。所以，意志的运作是绝对必然的，并且不容许有任何强制性，因而只有意念才能称为自由。[5]

因此，康德主张，自由是指有意念有能力选择它的行为格准。

---

〔1〕［德］伊曼努尔·康德：《道德形而上学原理》，苗力田译，上海人民出版社 2012 年版，第 69~71、76 页。

〔2〕［德］康德：《法的形而上学原理——权利的科学》，沈叔平译，商务印书馆 1991 年版，第 13 页。

〔3〕邝芷人：《善与善行：理论伦理学前篇——规范伦理学》，文津出版社 2012 年版，第 249 页。

〔4〕［德］康德：《道德形而上学（注释本）》，张荣、李秋零译注，中国人民大学出版社 2013 年版，第 24 页。

〔5〕邝芷人撰：《康德伦理学原理》，文津出版社 1992 年版，第 119 页。

自由最终是落在意念的抉择力上，因为意念是现实层面决定具体道德行为的关键。意念的抉择力一是要服从道德律，一是要服从意欲。也就是说，康德认为，自由概念有赖于自由意志[1]——个人理性地选择其生活目标和生活计划的能力，以及他们对实现这些目标之手段的掌空——观念。这一概念，有时被称为自治（autonomy），[2] 如此则至少需要两个条件：选择和能力。生活计划的设计和实现这些计划所进行的特定目标的选择，意味着一系列可供选择的机会。一个人的自由会随着其选择机会的增多而扩展。自由也需要能力，一个人必须具有实现其既定目标的能力才能把握其命运、实现自由。为实现自治，一个人必须具有必要的智商和体能以及充足的实物和资金来完成其所选择的目标。[3]

二、自由主义哲学

"自由的东西就是意志。意志而没有自由，只是一句空话；同时，自由只有作为意志，作为主体，才是现实的。"[4] 外界的控制性干预和非充分的理解常常阻碍了个人有意义的选择，而自我决定就是摆脱这些干预和限制。[5] 换言之，"自由以否定的方式被定义为摆脱强制的自由……自由是对每一个人能够自我做主

---

〔1〕 "意志是自白的，所以自由是权利及其目标的本质"：George, W. E. Hegel, *Philosophy of Rioht*（*T. M. Knox*（*trans.*），1965）（1821），（20），para 4.

〔2〕 See Joseph Raz, *The Morality of Freedom*（1986），ch. 15.

〔3〕 自由的概念在不同的哲学家之间相差很大。具备做自己主人的手段被描述为"积极"自由，区别于指自己活动不受他人干预的自由的"消极"形式。对于这一区分的经典表述，see Isaiah Berlin, *Two Concepts of Liberty*, in Four on Liberty（1969），121, reprinted in Liberty 33（David Mliier（ed.），1991.

〔4〕 ［德］黑格尔：《法哲学原理》，范扬、张企泰译，商务印书馆1996年版，第12页。

〔5〕 Beauchamp, *Principles of Biomedical Ethics*, Oxford, 2001, p. 58.

的私人领域的保证"。[1] 相应地,一个人不能够充分地决定,就意味着这个人无法按照自己的意愿和计划来行动;他至少在某些方面被他人控制。这就是一个不自由的人。在这个意义上,(政治)哲学上的自由主义是法学上的自我决定权的思想根基。

严格来说,自由主义不只是由一组价值所形成的学说,而是对于人性、社会和世界的整体观点。通过此观点,进行人类重要价值优先性与相关性的重新安排,例如自由与平等的优先顺序。Charles Larmore 认为从 16 世纪自由主义萌芽开始,自由主义所关切的问题基本上还是可以分为两种:一是对于政府的权力设定道德限制,使个人自由得到最大保障;二是在承认理性人对何谓"美好生活"的本质有不同见解的前提下,如何在同一个政治体系下共同生活的问题。

对于个人预设乃至基于个人主义之上的自由主义来说,个人是构成社会的基本单位,且是优先于社会目的,优先于任何集体性(collectivity)的。[2] 如同依旧在 Kant 思想脉络下进行其理论建构的 Rawls 来说,自我即是优先于社会具体存在的。因此,个人可以自由地去做选择,甚至包括他在社会中的关系都是自我的选择。这是一种康德式自我观,自我就是自我目的王国的立法者。就是说自我乃先于社会所赋予的角色和关系,自我被摆在最高的位置,优先于任何自我所能拥有的价值,甚至可以随时抽离再次选择另一个价值。

更进一步来说,社会的构成其实是社会成员为达成自身目的所构成的合作组织而已。只为确保个人自由权利的保障,以利于

---

〔1〕 [法]雷蒙·阿隆:《论自由》,姜志辉译,上海译文出版社 2009 年版,第78 页。

〔2〕 林火旺:《正义与公民》,吉林出版集团有限责任公司 2008 年版,第 154页。

目的的达成而存在。[1] 所以也只有在为保障相同或另一种不同的基本自由时，才可以证成对个人自由的限制。在不干扰他人同等权利的前提下，每一个人追求想望美好生活、寻求生命解答的权利其实都是平等的、普遍的、相同的，不需以其他条件为前提（例如财产、所得）。即便基于公共目的也不能构成对个人自由权利的侵犯。[2]

需要强调的是，自我决定权中的意志自由仍然属于唯物理论。唯物主义认为，客观存在决定主观意识，主观意识反作用于客观存在，意识具有主观能动性。因此，不能仅仅使意志自由停滞或拘泥在意识的层面上，如此是不能表现出意志决定自由这一理论的深刻含义和价值的。而在法学领域中，为了让该理论更好地作用和服务于具体的权利条款等客观存在，应当将它和人格中的外在和内在人格要素相结合，找到意志决定自由可以为其他人所识别的客观载体，从而实现对它的规制和运用。

第二节　人体试验受试者自我决定权的认知心理学基础

一、自我决定理论的产生

20 世纪 80 年代，美国心理学家 Edward L. Deci 和 Richard M. Ryan 创立了自我决定理论，这是关于人类自我决定行为的动

---

[1]　何信全："儒家政治哲学的前景：从当代自由主义与社群主义争论脉络的考察"，载黄俊杰主编：《传统中华文化与现代价值的激扬与调融》，台北喜马拉雅研究发展基金会 2002 年版，第 213 页。

[2]　林火旺：《正义与公民》，吉林出版集团有限责任公司 2008 年版，第 211 页。

机过程的理论。该理论以有机辩证理论为其元理论，由四个次理论共同整合出来的，分别是认知评价理论、有机体整合理论、因果导向理论及基本心理需求理论。自我决定动机是由自我决定理论所衍生出来的，该理论认为人具有先天心理成长和发展的潜能，个体能够自由地选择，通过自我的决定方式去选择所从事的行为。[1]

自我决定理论的发展，受到现象学、存在主义和实证主义的影响。现象学理论中，胡塞尔的意向性学说对自我决定理论的影响最大，该学说通过人的意识的意向性活动，构造出"对象"世界的存在、本质和价值。自我决定理论借鉴了现象学中关于自我世界的观点，将"自我"作为研究的对象，关注自我的整合，重视对个体内在心理需要的研究。存在主义强调和重视意志、责任心和个体的孤独性，自我决定理论吸收了其中的部分内容，十分重视对于个体意志的研究。不过，在研究方法上，自我决定理论仍根植于西方实证主义科学观传统。

进化论的本质特征在于把有机体视为环境的一个因素，并在有机体与环境之间双向的动态关系中把握有机体；有机实在的一切事实都应该在这种动态关系中被理解。进化论的这种观点对心理学的影响是巨大的。对于自我决定理论研究者而言，Deci 和 Ryan 提出了有机辩证理论，即认为人类具有内在的、先天的自我建构和成长的倾向，而这种倾向能否实现，与外部社会环境条件能否提供必要的支持相联系。

二、自我决定权概念的比较分析

自我决定权是一项独立的人格权利，然而，在此之前已经有

---

[1]　Deci, E. L., *Intrinsic Motivation*, New York: Plenum. 1975, p. 59.

人身自由权、思维自由权（即精神自由权），在研究人体试验受试者自我决定权之前，这三者之间存在的联系和区别是需要加以研究和分析的。

（一）人身自由权

人身自由权是一个比较成熟的概念，王利明教授在其 2005 年出版的《人格权法研究》中指出该权利是"自然人的人身免受非法限制、约束与妨碍，可以在法定范围内按照自己的意志、意愿去自由活动的人格权"。[1] 虽然，也有学者为了区分人身和精神自由，将人身自由权定义为"自然人享有自由活动，不受他人干涉、支配、控制的权利"。[2] 不过，目前学界已经基本认同人身自由包括身体和精神两个方面的自由这一观点。如吴平、江向琳就认为妨害自然人精神自由的行为也属于侵害人身自由的范畴。[3] 本人采纳通说观点，认为人身自由权不仅保护身体的自由，同样保护精神的自由。

（二）思维自由权

杨立新教授认为，思维自由权（精神自由权）是在法律规定的范围内，自然人可以根据自己的意志去自由地思维，并不受干涉、控制、约束和妨碍的权利。[4] 对此，赛亚·柏林（Isaiah Berlin，1909~1997 年）在他的经典著作《两种自由的观念》中指出："在人类思想史中，存在消极自由和积极自由两种不同的自由观念，在探讨精神自由时，这是无法回避的范畴。"积极自

---

〔1〕　王利明：《人格权法研究》，中国人民大学出版社 2005 年版，第 386 页。

〔2〕　张敏："论人身自由与安全权——兼论我国相关法律规定的不足"，载《法制与社会》2009 年第 24 期。

〔3〕　吴萍、江向琳："论人身自由权的私法保护"，载《江西行政学院学报》2003 年第 4 期。

〔4〕　杨立新：《人格权法》，法律出版社 2011 年版，第 249 页。

由是指希望对自己的生活和选择做自我决定，并且不受外界力量的影响，希望自己成为主体，而不是他人意志的工具。而消极自由是对自由的完整性和纯粹性的保护，其受到侵害后，我们会采用"免于受外界干涉"的规定加以保护。[1]

（三）比较分析

因此，与人身自由权相比较而言，自我决定权仅仅保护意志方面的自由，而人身自由权既涵盖意志自由，还包括对身体行动的自由加以保护。而与思维决定权相比，自我决定权保护的是人的积极自由，思维自由权保护人的消极自由。从古希腊的意志自由论到中古时代的神本主义意志论；从笛卡尔的"我思故我在"的纯思维的法律人格论到洛克的"自由意志论"，再到康德的"意志决定论"，意志自由都是法律人格的内在要求和第一标准。尤其是康德第一次将自由意志的规律确立为人自身的规律。[2]康德在他的《法的形而上学原理——权利的科学》中，将人界定为主体，而意志自由是人的本质特征。"人，是主体，他有能力承担加于他的行为。因此，道德的人格不是别的，他是受道德法则约束的一个有理性的人的自由。"[3] 另外，在《人类学》中他还提出，"人是一个具有实践理性能力的存在者，一个意识到他的选择是自由的存在者"。整个新的法哲学和法律教义学所受到康德主体理论的影响是巨大的，该理论甚至最终决定了法律对主体属性的界定。正如罗马法学所言："人之为权利主体，是

---

〔1〕 徐显明主编：《人权法原理》，中国政法大学出版社 2008 年版，第 173～174 页。

〔2〕 邓南海、曾欢："康德自由观的历史来源与逻辑进程"，载《现代哲学》1999 年第 4 期。

〔3〕 ［德］康德：《法的形而上学原理——权利的科学》，沈叔平译，商务印书馆 1991 年版，第 26 页。

因为他所有的规定性是合乎他自己的，因为他有意志。"〔1〕 因此，意志自由是主体最本质的自由，也是自我决定权与人身自由和思维自由最本质的区别。

三、自我决定认知心理学理论的次理论

自我决定的认知心理学理论是由四个次理论经由延续认知评价理论，融入自主性、关系感和胜任感来提出的，这四个次理论分别是认知评价理论、有机体整合理论、因果导向理论和基本心理需求理论。

认知评价理论主要是说明社会因素对内在动机的影响，与因果根源有关。社会因素可以分成控制面和讯息面两种，这两种是对立关系的。〔2〕 其中控制面主要是人的行为受到外在因素所控制，它将会降低其内在动机。而讯息面则是经由胜任感来改变其内在动机，其存在的价值是经由相当能力的努力后来提供正面的回馈，是自我决定理论提到的自主性支持。〔3〕 它能有效地提升内在动机。有机体整合理论强调个体会经由外在动机的统整和内化（internalization），整合先前经验来成为自我的价值。因果导向理论说明了个体的自我决定行为方向的差异与社会环境支持他们自我决定的方式。〔4〕

基本心理需要理论是自我决定论的核心理论，是自我决定论

---

〔1〕 ［美］科斯塔斯·杜兹纳：《人权的终结》，郭春发译，江苏人民出版社2002年版，第251页。

〔2〕 陈秀惠："国中生自我决定动机之发展模式及其相关因素探讨"，成功大学2010年硕士学位论文。

〔3〕 Deci, E. L., &Ryan, R. M., *Intrinsicmotivationandself-determinatio human behavior*, New York, NY: Plenum Press, 1985, p. 121.

〔4〕 林育麟："以自我决定理论与动机气候探讨国中运动员于生涯转换关键期运动乐趣之研究"，台湾体育学院2011年硕士学位论文。

其他重要研究的基础。三种基本心理需要的满足对促进个体外在动机的内化，形成内在目标定向以及提升个体的幸福感有重要作用。该理论认为，个体有三种基本的心理需要，即胜任感（competence）、自主性（autonomy）、归属感（elatedness），这三种心理需要的满足将影响个人的内在动机。

自主性即有权利自己下决定，是指个体能够依照自己所想要的去决定自己的行为，是依照其意愿选择的，而不是被强迫或命令，为自己做主的一种行为。[1] 它是个体在充分了解个人需要和认识环境信息之后，对自己的行为作出的自由抉择。胜任感即信心与自我效能，是指个体能够了解自己的能力，能和社会环境产生有效的互动和连接，[2] 是种能力知觉，表示有能力去应付外界要求，使个体通过自己的能力不断地挑战，来建立自信心。归属感是种有意义的社会关系，是指个体希望能与他人有所连接建立良好关系，期待能成为团体的一分子，能被他人接受，跟自己的团体有归属感，与他人建立起互信、尊重的感觉。[3] 如果社会环境支持并促进这三种需要的满足，那么人类的动机和天性就会得到积极的发展，人类自身也能健康地成长。

四、自我决定认知心理学的研究主题

自我决定理论认知心理学的研究主题主要有人类行为的动机、个体目标追求、价值观和幸福感。与人体试验受试者自我决

---

〔1〕 吴玉真：“国中运动代表队选手心理需求、自我决定动机与自我设限之关系研究”，台湾师范大学 2011 年硕士学位论文。

〔2〕 Deci, E. L., &Ryan, R. M., *Intrinsicmotivationandself-determinatio human behavior*, New York, NY: Plenum Press, 1985, p. 125.

〔3〕 Baumeister, R., &Leary, M. R., "The Need to Belong: Desire for Interpersonal Attachments as a Fundamental Human Motivation", *Psychological Bulletin*, pp. 117, 497–529.

定权的内容相关的是行为的动机和价值观的部分。

（一）人类行为的动机

自我决定理论中最受关注的问题，是个体从事各种活动所呈现出不同程度的自我决定动机时，决定出不同的动机形态。要完整地理解个体行为动机，需要将动机区分为内在动机（Intrinsic Motivation，IM）、外在动机（Extrinsic Motivation，EM）、无动机（Amotivation）。内在动机指个体从内在的兴趣、爱好出发从事某项活动。外在动机指个体从事各种活动不是从本身的意愿出发。有机体整合理论详细阐述了外在动机的分类，即分为外部调节、内摄调节、认同调节、整合调节四种类型。无动机即个体缺乏从事某项活动的动机。不同的动机呈现了不同的自我决定水平，根据自我决定程度，从内在动机到无动机可以呈现为一个连续体，其中，内在动机自我决定程度最高，而无动机的自我决定程度最低。

第一，内在动机是自我决定最多的形式，指一个人决定并参与某项活动或实施某种行为，是因为内心认为该活动或行为有意义，或能满足自己内心的某种需要，为了自身的好处，个体会努力做好该行为。

Vallerand 等曾提出内在动机的三向度，分别是求知的内在动机、完成的内在动机、体验刺激的内在动机。求知的内在动机是指个体参与活动是为了学习、获得新知识和技能，再从中去体验到快乐和满足；完成的内在动机是指个体参与活动是为了尝试完成和挑战事物后，所得到的快乐和满足；体验刺激的内在动机是指个体参与活动是为了体验活动带来的兴奋、刺激感。如果个体内在动机不是来自这三种乐趣，而是外在的、非物体本身的因素，就属于外在动机。[1]

第二，外在动机指的是个体从事活动，只是因为外在事件的影响或只是为了获得本身渴望的结果。[2] Deci 等根据自我决定程度的高低，将下列四种形式分别由低到高呈现为外在调节、内摄调节、认同调节和整合调节。

外在调节（external regulation）是自我决定的程度最低的一种形式，指个体参与是为了外在资源和诱因，或是为了应付其他外在原因，是外在因素形成的一种动机。内摄调节（introjected regulation）是一种将个体参与活动理由部分开始内化，但仍然不是自我决定的形式，是受到外在因素影响所做的调整。认同调节（identified regulation）是个体将外在的目标内化为自己的目标，是以自我选择的方式来产生行为，即使不喜欢这一行为，但是为了自己的好处仍然愿意实施该行为。整合调节（integrated regulation）是指个体乐于从事某项行为，是最内化的一种类型。

第三，无动机。这是自我决定程度最少的，指个体无法感知行为和结果间的连结，不对任何事或参与的活动做努力，觉得所参与的活动没有任何意义且没有胜任的感觉。[3]

在社会情境水平，个体的动机水平处于中等程度的稳定状

〔1〕 Vallerand, R. J., Pelletier, L. G. et al., "On the Assessment of Instrinsic, Extrinsic, and Amotivation in Educaiton: Evidence on the Concurrent and Construct Validity of the Academic Motivation Scale", *Educational and Psychological Measurement*, 53 (1993), pp. 159-172.

〔2〕 Deci, E. L., &Ryan, R. M., "The 'What' and 'Why' of Goal Pursuits: Human needs and the Self-determination of Behavior", *Psychological Inquiry*, 11 (2000), pp. 227-268.

〔3〕 Deci, E. L., Vallerand, R. J., Pelletier, L. G., &Ryan, R. M., "Motivaiton and Education: The Self-determination Perspective", *The Educational Psychologist*, 26 (1991), pp. 325-346.

态。所谓社会情境，指"人类活动的某一具体领域"，[1] 社会情境水平上的个体动机会受到具体情境领域的相关社会因素的影响。在特定事件中，个体动机水平处于最不稳定的状态，极易受到环境的影响而发生改变。发生重大疾病、面对是否参与人体试验、是否捐献器官、末期是否延缓生命、是否接受入院或其他严重侵袭性的治疗手段等情形，都是特定事件，此时人体试验受试者的个体动机水平处于最不稳定的状态，在研究人体试验受试者自我决定权时需要加以考量。

（二）价值观

美国社会心理学家 Rokeach 将价值观定义为："某种包含具体的行为方式或存在的终极状态的持久的信念，具有个体性或社会偏好性。"[2] 自我决定理论主张，个体最初价值观形成来源于自我和内在心理需要。Ryan 指出，价值观具有自我评价的功能，可以通过帮助个体选择有益和无益的行为活动来促进个体的成长。个体总是倾向于选择对自我有益的行为。价值形成和价值观是促进个体成长、满足个体心理需要的途径，是自我成长的认知和情感工具，不同的价值观会导致个体与他人行为方式的差异。

Kasser、Ryan（1996）等人将个体价值观分为内在价值观（intrinsic values）和外在价值观（extrinsic values）。内在价值观是与个体的自我实现与自我成长相一致欲望的表达（expressive of desires）。典型的内在价值观包括自我接受（self acceptance）、归属（affiliation）和社会情感（community feeling）。自我接受是指接受与个体的成长、自主性、利己等相关的价值观，归属主要是

---

〔1〕　Emmons, R. A., "Levels and Domains in Personality: An Introduction", *Journal of Personality*, 1995, 63: pp. 341–364.

〔2〕　Rokeach, M., *The Nature of Human Values*, New York: Free Press, 1973, p. 136.

和朋友、家庭建立良好的关系，社会情感则是指个体通过积极的行动来改善世界（improving the world）。与此相对的是，外在价值观关注的是怎样获得外在的目标，而不是为个体内在的需要提供满足。财富的积累、外在形象和体现为社会名声和地位的社会认同，是典型的外在价值观。

在医疗活动中的人体试验受试者，其最终对于医疗措施的选择和决定，与他本人的内在价值观和外在价值观密不可分。如在产妇大出血救治过程中是否切除子宫的问题，有些人体试验受试者可能更看重自己与家庭建立良好的关系，在这种内在价值观的引领下，会拒绝实施子宫切除术，而选择其他治疗方式。

第三节　人体试验受试者自我决定权的宪法研究

针对自我决定权的宪法依据，在宪法学上，由于各国的立法和学说不同，对自我决定权的解读往往也呈现出不同形式。

一、德国法尊重人性尊严的视角

在《德国基本法》中，自我决定具有重要的意义，因为人类发展理解自我的能力，及依据该能力安排生活的自我决定，是保护人性尊严的事实上的基准点。因此，《德国基本法》上对人性尊严的保护，是保障个人可以"自我定义"，无须采纳别人的看法而使个人可以"依据自身的描绘而形成自我"，借此确保人的自我决定。所以，实务上，德国联邦宪法法院在解释人性尊严内涵或连接人性尊严与《德国基本法》第2条第1项时，常导出"自我决定"或"私人的生活塑造"的概念，并借此表示每个个人都有决定自己的生活各个层面的自由，并有一个内在领域，是国家权力不能侵入的；而且，在人性尊严之外被认为是宪法的"较高价值"，也是以"自我决定"为中心概念的。[1]

德国联邦宪法法院明确使用"自我决定权"，最早出现在"变性判决"中。该案中，原告 1932 年出生，1953 年结婚，1964 年离婚，出生时依据其外部的性别特征被登记为男性，但约从 1960 年开始，其在各方面均认同自己为女性，在 1962 年至 1964 年间先后割除左右边睾丸并进行变性手术，之后在外观上过着女性的生活，并在一家教学医院担任护士。德国联邦宪法法院第一庭于 1978 年 10 月 11 日裁定，"《德国基本法》第 1 条第 1 项保障的人性尊严，是指人对自我的理解与认识，其中包括个人可以自由处置自己，以自我负责的方式缔造自己未来的命运"。第二次明确使用"自我决定权"是在 1983 年 12 月 15 日作成的"人口普查案"判决中。该判决中，法院说明在基本法秩序中，人的价值和尊严位居核心，个人得以作为社会中自由且自主决定的成员，且透过《德国基本法》第 2 条第 1 项的一般人格权与第 1 条第 1 项确保。[2]

二、日本法幸福追求权的研究

自我决定权在《日本宪法》中没有明文规定，但是，理论上多从《日本宪法》第 13 条幸福追求权的规定着手。该条规定："全体国民都以个人身份受到尊重，有关国民追求生命、自由及幸福的权利，除了违反公共福祉的以外，在立法及其他国政上，必须予以最大的尊重。"此内容借鉴了美国 1776 年的《独立宣

---

〔1〕　许育典：《文化国作为文化宪法的客观性建构　文化宪法与文化国》，元照出版公司 2006 年版，第 151~193 页。

〔2〕　程明修："资讯自决权——遗传基因讯息"，载《法学讲座》2003 年第 19 期。

言》："我们坚定相信造物主赋予所有人一律平等……拥有一定不可剥夺的权利，其中涵盖自由及幸福的追求。"美国《独立宣言》开宗明义地阐明"人人生而平等，具有追求幸福和自由的天赋权利"，具有相当明确的个人主义和自由主义的思想。该条规定后来出现在麦克阿瑟草案的第12条中，该条规定："日本的封建制度应予废止。所有日本人，因生而为人，作为个人而受到尊重。国民对于生命、自由及追求幸福的权利，在一般福祉范围内，在一切法和政府行为上，受到最大的尊重。"后来逐渐演变成现在的《日本宪法》第13条的内容。由此可知，《日本宪法》第13条是基于尊重个人的原理确立的。

在日本，学说上通常认为，自我决定权是根据《日本宪法》第13条后段的"幸福追求权"推导得出的。但是，对该规定是否积极地保障实定法上的权利，还存在着不同意见。第一种学说认为，幸福追求权是《日本宪法》第13条前段个人尊重原理的表现形式；第二种学说认为，幸福追求权是《日本宪法》所个别保障的基本权的总称；第三种学说认为，幸福追求权是存在于《日本宪法》各条所具体保障的各种基本权利根底的自然法上的权利；第四种学说认为，幸福追求权是与位于基本人权深奥处的人格核心有关的独特权利；第五种学说认为，幸福追求权是包含所有对人格的生存不可或缺的概括权利；第六种学说认为，幸福追求权是保障个体在全部生活的活动中一般的自由。前三说都认为幸福追求权只是国家基本人权通则的性质，或是国家应有的方向，而不具有实定法上的权利性。所以，《日本宪法》只为明文规定的基本权提供保障；而第四种学说会产生与人格核心有关的权利必须受到限制或波段的不合理情事；所以，应当以后两种学说的见解为妥。如此，《日本宪法》第13条后段幸福追求权是概括性权利、概括基本权的规定，没有被明文列举的基本权，将以

《日本宪法》第 13 条后段幸福追求权作为依据。[1] 也就是说，基于"尊重个人"产生的幸福追求权，逐渐被解释为没有列举进《日本宪法》的新的人权的依据，是一般性和概括性的权利，以此幸福追求权为基础的各项权利，因此成为可受裁判上救济的具体权利。[2]

而对于人体试验受试者自我决定权，不论在《日本宪法》或在法律上都没有明文规定，不过在学说上被广泛认可，判例上也承认了此项权利。[3] 而且，自我决定权到目前为止，主要是在医疗行为和安乐死中被讨论，无视自我决定权将会产生民事或刑事责任。[4] 中川淳等认为，"如果没有得到人体试验受试者的承诺，医师就开始治疗，就算治疗结果是改善了人体试验受试者的状态，在刑法上也可能构成因独断的治疗行为的伤害罪，民法上成为损害赔偿请求权的根据。即便在日本，人体试验受试者的自我决定权也被视为《日本宪法》13 条所规定之一的幸福追求权，以作为自我实现的手段之一，在法律上应该被保障的利益"。[5] 或者在对应医师人体试验受试者关系（私人间）中，医师的裁

---

〔1〕［日］阿部照哉等：《宪法》（下），周宗宪译，中国政法大学出版社 2006 年版，第 83~88 页。

〔2〕［日］芦部信喜：《宪法》，林来梵等译，北京大学出版社 2006 年版，第 109 页。

〔3〕近年来，日本裁判所采用"人体试验受试者の自己决定权"明确用语的有，东京地方裁判所平成 23 年第 27807 号（债务不存在确认请求反诉事件）、东京地方裁判所平成 22 年（ワ）第 14100 号、平成 24 年（ワ）第 11406 号（补偿金等请求事件、损害赔偿请求事件）、名古屋地方裁判所平成 20 年（ワ）第 6331 号（损害赔偿请求事件）、横滨地方裁判所平成 18 年（ワ）第 3589 号、平成 19 年（ワ）第 1400 号（损害赔偿请求事件、入院医疗费请求事件）等。参见：LexisNexis JP, http://www.lexis-asone.jp.autorpa.lib.ccu.edu.tw/home/Index.aspx，最后访问日期：2020 年 3 月 20 日。

〔4〕［日］山田卓生：《私事と自己决定》，日本评论社 1995 年，第 341 页。

〔5〕［日］中川淳、大野真义编：《医疗关系者法学》，世界思想社 1989 年，第 63 页。

量权以人体试验受试者的自我决定权为前提，便是将《日本宪法》13 条当作法律的依据，即人体试验受试者的自我决定权是一种宪法上的基本人权。[1]

三、我国的自我决定权

同样地，我国现行《中华人民共和国宪法》（以下简称《宪法》）也没有明确直接地规定公民的自我决定权，但是，如果把自我决定权看作对列举权利之外的一般性行为自由的概称，就可以将以下几个宪法条款联合起来予以把握。

如《宪法》第 33 条"国家尊重和保障人权"、第 38 条"中华人民共和国公民的人格尊严不受侵犯"和第 51 条公民行使自由和权利时，"不得损害国家的、社会的、集体的利益和其他公民的合法的自由和权利"。前两个条款可以视为概括性的条款，它们涵盖了《宪法》明文规定的包括基本权利的各种人权，自然也包括公民处理自己事务的自我决定权；最后一个条款是从反面对个人自治的范围加以限定，表明只要不损害国家、社会、集体的利益和其他公民的合法的自由和权利，公民可以不受干扰地行使自己的自由和权利。该条与《德国基本法》第 2 条第 1 款的规定是类似的。应当说明的是，自我决定权作为一项宪法上的基本人权，只需要不危害国家、社会和其他人的利益即可，不负有积极的有利于这些利益的义务。

---

[1] 杨玉隆："论医疗上病患'自主决定权'之宪法地位"，载《中正大学法学集刊》，中正大学法律学系 2014 年版。

第四节 人体试验受试者自我决定权的社会基础

一、传统家父主义对"人"的保护

在基本观念上，自我决定权不是一个不受限制、孤立存在的概念。从密尔在《论自由》一书中提起个人自治的观念开始，家父主义作为其对立的思想就产生了。某种意义上，可以说家父主义和个人自治是自始相伴、相互制约的。

家父主义，又被称为家长主义或父爱主义，在密尔的《论自由》中仅仅指为了儿童或神经错乱者的自身利益，可以允许实施家长式干预。[1] 而哈特认为，在密尔所处的时代，人们生活愿望稳定且不易受到外界干扰，清楚地知道什么是自己所需的，因此家长主义受到批评是可以理解的；但是随着时代的变化，家长主义重新获得了其正当性。因为"我们普遍地越来越不相信，一个个个体才是最了解他们自身利益的人……一种明显的自由选择或者同意的重要性被削弱了"。因此，他甚至提出，"在谋杀案或者伤害案的指控中，排除受害者的同意作为辩护理由的规定，堪谓一种家长主义的极佳典范"，[2] 扩展了家父主义干涉的范围，将干预的对象延伸到一般的成年人。不过，密尔式的家长主义和哈特式的家长主义，都是借助"家长往往会干涉子女的自我危害行为"这一现象和观念，来比喻国家、政府和法律对公民个

---

〔1〕 ［英］约翰·密尔：《论自由》，程崇华译，商务印书馆1959年版，第115页。

〔2〕 ［英］H. L. A. 哈特：《法律、自由与道德》，支振锋译，法律出版社2006年版，第30~32页。

人的某种干预。总而言之，父权思想具有为了保护本人利益，进而干涉其自由的基本特质。

家长主义存在多种分类，例如，以干涉程度为标准，可区分为软家长主义与硬家长主义。前者是指以救助性原则为基础，防止他人非自愿性、实质上非自治性的行为发生。软家长主义只对受到削弱的决定进行限制和干预；而没有意思瑕疵的决定是值得尊重的。所以，软家长主义实际是保护和提升了自治，而不是阻碍了自治。而硬家长主义是指在当事人已经获得了足够的信息，并且在真实自愿的基础上做出了有风险的选择后，出于对当事人有利的目的而强制性地加以干预。也就是说，硬家长主义不顾当事人的主观意愿，基于使当事人免受伤害或者增加其利益的目的，限制当事人的自由。[1] 也有学者以使用领域为区分标准，将家长主义区分为家庭关系领域的家长主义、政治领域的家长主义和伦理与法律意义上的家长主义三类。[2] 但其基本理据主要来自以下两点：

（1）保护原则。随着社会的变迁和经济的发展，法律对"人"的认识也在不断扩大，尤其是民法中所保护的"人"并非都是理性的、强者的形象，而是出现了"弱而愚"、需要保护的人，这是民法现代化的标志。然而，同时，法律认为，对于那些年老、贫穷、柔弱、迷惑的人们所遇到的困境，就不应完全将其放到贴有自治标签的盒子里去而置之不理。[3] 考虑到他们在心智上的脆弱，法律应该给予其充分的"父爱"，代替他们做出决定，使其免受自己不当决定所产生的伤害。

---

〔1〕 孙笑侠、郭春镇："法律父爱主义在中国的适用"，载《中国社会科学》2006年第1期。

〔2〕 黄文艺："作为一种法律干预模式的家长主义"，载《法学研究》2010年第5期。

〔3〕 孙笑侠、郭春镇："法律父爱主义在中国的适用"，载《中国社会科学》2006年第1期。

（2）社会连带思想。涂尔干指出，有机社会中人们之间存在着连带关系，狄骥从实证主义法学的角度进一步论证，社会连带关系无关道德，而是存在这种客观需求。[1] 社会连带思想认为，个人和社会的关系是客观存在、无法割裂的，那么，个人便不能任意实施自己的行为，完全无视社会和他人的利益。如果这个社会要求的力量足以通过法律将其意志加之于他人身上，就体现了一种家长主义。[2] 从社会连带的角度证成的家长主义，可能会遭到一些学者的反对。这些学者主张，家长主义的干预模式，必须是基于个人利益而对个人进行干涉。但是，这种区分事实上并不如想象中那么有意义，因为在家长主义的语境中，对所谓"个人利益"的判断主体都不是个体自身，而是政府或法律等"超个人"；而只要拥有了对"个人利益"的界定权，也就拥有了将社会利益或公共利益表述成个人利益的能力。仅仅在概念内涵上强调"家长主义"与"非家长主义"的区分，对于降低政府侵犯个人自由的风险而言，可能并无多大实益。相反，基于社会利益或公共利益的法律干预模式，是一种"非家长主义"的干预模式。某种意义上，保护原则是基于法律对弱势群体的爱，而社会连带思想则是基于利害关系的考虑。

家父主义中的"家父"，可以扩大到政府、社会，以及所有能引发顺从和同意的力量。国家、社会团体甚至个人，如果在人类生活的体制建构和法律秩序的形成中具有优势地位，往往会将自身的价值观强加给他人，从而代替他人作出价值判断。因此，法律家父主义呈现出一种法律干预的模式，它其实是基于个人利益的考虑而限制个人的自主，是自我判断、自我决定的对立面。

---

[1]　[法]莱昂·狄骥：《公法的变迁　国家与法律》，郑戈、冷静译，辽海出版社、春风文艺出版社1999年版，第443~444页。

[2]　黄文艺："作为一种法律干预模式的家长主义"，载《法学研究》2010年第5期。

医师在医疗活动中，因为专业优势也常常将自身的价值观施加在人体试验受试者身上，以自己的价值判断取代人体试验受试者本人的价值判断，这便是医疗上家父主义的体现。

二、人本主义思想对自我决定权的影响

自我决定权的提出和深入研究，有其深层次的历史原因。人本主义思想对自我决定权的发展也产生了重大的影响。西方"人本主义"精神浸润了几代人的心灵，培养了西方人对人的主体性的弘扬与追求。西方的人本主义也是他们对于人的主体性的追求。与儒家思想不同的是，西方的人本主义以性恶论为基础，强调个体为本位，认为人的天性是追名逐利，所以需要刚性的框架（即法律、法规）对其加以约束。所以，美国等国家最先提出"自我决定权"概念，并依法进行保护。19世纪40年代，马克思便提出"自由自觉的活动"是人的本质。也就是说，人的本质就是意志的自由与个性的彰显，是自我主宰与自我决定。中国最早的人本主义是以儒家学说为代表，以性善论为基础，强调"整体"精神为本位，我国传统的人本主义体现了崇尚自我价值和尊重人性的理念，我国长期以来以儒家思想为传统，认为仁、义、礼、智为人心固有本性，将"道德自律"作为自由人的最高精神境界，注重"自我修养、克己复礼，倡导人格尊严和浩然气节"，[1] 体现了对人性的尊重和对自我价值的崇尚。在"道德自律"的基础上追求自由、追求发展，是中国传统人本主义的精神内涵，然后逐渐演变成为当代中国政治政策、文化思想的关键与核心。中国强调以人为本，弘扬人的个性化、人性化，因此，人的意志自由、意志自我决定便成为了实现个性化与人性化

---

〔1〕 陶渝苏、徐圻：《人的解读与重塑》，重庆出版社2002年版，第84页。

的关键。然而，不论"个人为中心"还是"整体为中心"的人本主义理念中，自我决定权都有其存在的价值与依据，它所表达的不仅是一种法律权利或者规章制度，更是人类对于自身塑造与发展的期待。自我决定权的提出充分体现了人在不同时代对意志自由的强烈追求，而其内容的不断拓展也体现出该权利因应时代所做出的创新和发展。

不论是我国以个人为中心还是西方国家以整体为中心的人本主义理念，都是自我决定权存在的价值基础和理论依据，从而推动了社会对于自我决定权的认知和立法。

三、技术进步促进自我决定意识勃兴

随着社会发展和技术的不断进步，自我决定权意识开始勃兴，尤其体现在医疗领域。19 世纪以来，医学的蓬勃发展下，人体试验受试者逐渐从盲目服从医师的指示和权威，到引起争议和挑战，人体试验受试者的自主意识开始慢慢抬头。伴随着医院的组织化与盈利化，医患之间的互动日益减少，无形中也加剧了医患关系的分离和人体试验受试者对医生信赖度的降低。因此，人体试验受试者更多地希望在即将做出与自身重要利益相关的医疗决定时，能充分知悉有关自身病情以及治疗方案、危险性、治愈率和可选方案等相关的信息，来作为自己决定的参考。

在医事父权主义时代，医疗活动被认为是高度专业性的，在医疗过程中人体试验受试者有时会被医护人员无形中矮化，相对于医护人员的专业知识，人体试验受试者通常只能听从医护人员的指示，人体试验受试者将自身健康交给医师，由医师决定如何实施医疗。根据《希波克拉底誓言（Hippocratic Oath）》的内容，"医师是仁慈的、权威的，以病人的最大利益为己任的专家……医师执业的准则就是尽他最大的良知和能力去追求病人的最大利益"。医生代替人体试验受试者做医疗决策是再正常不过的，在医生的眼中，人体试验受试者根本就不知道怎样的医疗决策才对自己最好，因此，医师没有必要对人体试验受试者告知太多的信息，告知不仅无助于医疗决策的确定，还可能会造成人体试验受试者过度的焦虑和恐慌。到 20 世纪中叶之后，人体试验受试者的自我意识逐渐觉醒，在医疗活动中，医师不再是决定者，人体试验受试者才是主宰自己身体的主体，以保证自身不受未被告知的医疗行为的侵害。病患不希望自己是医疗处置中的盲者，而希望医师能针对病情、治疗方法、治疗可能的结果、有无危险、副作用等给予明白且详细的说明。

可见，获得医疗讯息成为病患行使自我决定权的基础，两者之间成为密不可分的关系，"告知后同意"随之产生，并从此成为医病关系中极为重要的原则。[1] 这一原则的实质是尊重个人的自我决定权，"知情同意法则是自我决定在医疗领域的体现"。[2]

而且，随着医疗技术的进步，人类生命的产生和消失从一种自然现象，逐渐演变为一种可以人为控制的行为，医务人员在此类事务上如何介入，而人体试验受试者的个人决定又如何判断，这些都不无疑问。人工生殖技术和克隆技术的蓬勃发展，极大地提升了人类繁衍生殖的自由程度和能力；而维持和延长生命的技术不断发展，如使用呼吸机、注射营养液甚至冷冻技术等，却使得人体试验受试者选择"安乐死"的自我决定权受到限制。然而，医疗科技的发展，无论拓宽了人体试验受试者自我决定的范围，还是限缩了自我决定权的行使，都已成为促进人体试验受试者自我决定意识苏醒和加强的催化剂。

不过，受传统文化影响，我国阻碍人体试验受试者自我决定

---

〔1〕 黄丁全：《医事法新论》，法律出版社 2013 年版，第 156 页以下。

〔2〕 杨丹：《医疗刑法研究》，中国人民大学出版社 2010 年版，第 174 页。

的思想并非只有传统的医事父权而已，还有以家庭价值为主的"亲属父权"。这是学者杨秀仪提出的概念，主要用来描述该地区医疗文化下独特的医患关系模式，在此模式中，人体试验受试者亲属基于保护人体试验受试者的心态，会父权式地替人体试验受试者过滤医疗资讯并做出医疗决定。[1] 例如在医疗实务上，亲属经常会要求医师对于罹患重症的人体试验受试者隐瞒病情，进而替人体试验受试者做出医疗决定。因此，在这样的情境之下，法律制度及司法实务如何设置、运作，才能保障无决定能力的人体试验受试者的自我决定权值得深思。

第五节　自我决定权的民法改造

自我决定权在宪法研究中，已经基本达成共识，普遍认为该权利是公民个人的基本权利。历史上，学者们曾经对人格权的客体进行了"类物思考"，进而提出人格权的客体是"法律拟制物"的学说。《大清民律草案》总则、债权和物权的起草者之一松冈义正认为生命、身体、名誉等都是维持人格所必需的法律上拟制的货物，人格权是支配这些法律货物的权利，即人格权是"支配不得与人格分离之法律货物之权利也。不得与人格分离之法律货物，即为维持人格所必要之事项。若其缺之，人格即消灭，不能视为人之存在。如生命、身体、名誉、自由、氏民及商号等是也"。[2] 自我决定权显然具有自由权的特征，而《民法

---

[1] 杨秀仪："病人，家属，社会：论基因年代病患自主权可能之发展"，载《台大法学论丛》2002年第5期。

[2] [日] 松冈义正：《京师法律学堂笔记：民法总则》，第127~128页。转引自俞江：《近代中国民法学中的私权理论》，北京大学出版社2003年版，第164~165页。

典》第 990 条第 2 款"除前款规定的人格权外，自然人享有基于人身自由、人格尊严产生的其他人格权益"也印证了这一点。而自我决定权受侵害，尤其是人体试验受试者自我决定权的侵权案件层出不穷，从本文引言部分列举的案例可见一斑。而现有的民法上知情同意原则和一般人格权的制度，并不能对其进行有效的保护。因此，为了更好地保护人体试验受试者的合法权益，在民法研究中对该权利通过法律技术加以概念构建，就显示出其必要性。实际上，宪法概念的民法改造并非孤例。比如，自由权在宪法中是指免于外来的控制，免于所有除了由法律正当施加以外的约束；[1] 而其作为人格权，却仅包括身体活动不受限制的身体自由权和精神思维不受限制的精神自由。[2]

一、民法自我决定权的人格要素

康德的主观和客观二元对立理论有利于强化人的主体地位和对人的伦理价值的保护，他的伦理人格主义也的确成为《德国民法典》的理论基础，[3] 包括人格权在内的许多权利均以其为正当性的来源。黑格尔继承了康德的人格理论，指出："所以法的命令是：成为一个人并尊重他人为人。"[4] 同时，他还"告诫人们要过一种理性支配的生活，并且指出理性的基本要求之一是尊重他人的人格和权利"。[5] 可见，黑格尔充分尊重了人格尊

---

〔1〕 *Black's Law Dictionary*，West Publishing Co. 1979, Fifth Edition, p. 827.

〔2〕 史尚宽：《债法总论》，中国政法大学出版社 2000 年版，第 148 页。

〔3〕 〔德〕卡尔·拉伦茨：《德国民法通论》（上），王晓晔等译，法律出版社 2003 年版，第 46 页。

〔4〕 〔德〕黑格尔：《法哲学原理》，范扬、张企泰译，商务印书馆 1961 年版，第 46 页。

〔5〕 李琛："著作人格权诸问题研究"，载刘春田主编《中国知识产权评论》，商务印书馆 2002 年版，第 243 页。

严，并将其作为人进行社会生活的根本，这构成了传统人格权的伦理基础。而杨立新教授主张，自我决定权所体现的意志的自我决定必须获得其定在，得到一个他人可以识别、并应予以尊重的客观载体，因此，自我决定权同样属于民法权利的范畴。也就是说，自我决定权不能仅仅以哲学理念或宪法上人权的形式存在，而必须在民法上实现其改造，使之成为一项民法权利。对此，他认为：首先，民法学上人格权和财产权的区分已经根深蒂固，自我决定权的民法改造立当以人格发展为目的，将其内容限定在人格发展的范畴内，针对人格的构成要素加以构建；其次，人格要素的边缘地带尚未明晰，目前得到学界公认的具体人格要素仅有生命、身体、健康、姓名、名誉、肖像等，实际上还有其他能够彰显人格个性的要素，是否属于人格要素还有待于在慎重的价值判断基础上进一步的分析论证。所以，民法自我决定权的人格要素也只包括上述已达成共识的人格要素。最后，自我决定权是对人格要素的自我决定的意志自由进行的保护，是一个动态的过程，对具体人格要素完整性的保护是每个人格要素所体现的具体人格权所应当具有的功能。[1] 本文认为，这确实是在自我决定权的民法改造中必须明确的问题。

《民法典》的第四编"人格权"第 990 条在《侵权责任法》第 2 条规定的基础上对具体人格权进行了列举，并在生命权、健康权、姓名权、名誉权、肖像权、隐私权等权利之外增加了"身体权""名称权"和"荣誉权"，并在第 2 款规定："除前款规定的人格权外，自然人享有基于人身自由、人格尊严产生的其他人格利益。"一方面，第 2 款中已经明确了自然人基于人身自由、人格尊严产生的其他利益，其中显然包含自由地对自己的事务进行自我决定的权利；另一方面，生命、健康、姓名、名誉、肖

---

〔1〕 杨立新、刘召成："论作为抽象人格权的自我决定权"，载《学海》2010年第 5 期。

像、隐私的人格要素，也都含有自我决定的权利。而且，隐私权中逐渐发展出来的隐私支配权，也是一种积极的自我决定个人隐私如何使用的权能；对于名誉，自然人也可以对其自由支配，当今网络世界里故意"自黑"而达到成名效果的大有人在，他们是基于自己名誉要素的自我决定，根据自己的意志以故意毁损自己名誉的方式实现自己的目的。因此，本书认为，自我决定权是应当对全部实定法上已明确的人格要素进行自主决定的权利。

当然，受自我决定权所保护的法益性质之限制，自我决定权的权利人只能有限制地处分个人的法益，而且必须是国家允许个人完全享有的权利，不能涉及国家、社会和他人的利益。所以，只有纯粹的个人可支配的法益，如身体权、健康权，自我决定权才能够随意行使；如果是无法由个人随意支配的法益，如生命权，权利人行使自我决定权将受到一定的限制。

二、自我决定权与其他人格权的区别

自我决定权具有三项特征，即私事（私人性的事项）、独特的生活样式、对危险的觉悟。[1] 在自我决定权权利的行使中，作为权利行使对象的"自己的事"，因为具有这三个特征，不管所决定的内容对其人生影响是大还是小，是否是常人所称的愚蠢的行为，对他人而言有多不合理，除非侵犯到他人的自由或权益，否则都应当加以尊重。因为每个人都有按照自己希望的生活样式生活的权利。如果下雪天有人只穿背心短裤，在一般人眼中是愚蠢的、不合理的，但是或许他本身感觉可以承受，甚至很舒服，那就是他个人的选择，是他自我决定权的行使。因此，尽管自我决定权对应的生命、身体等人格要素本身已经有相应的具体

---

〔1〕 ［日］内野正幸等：《自己决定权と法》，岩波书店 1998 年版，第 8~9 页。

人格权加以保护，但是，自我决定权以其积极的支配性内容，与这些具体人格权利有着显著的区别。

（一）生命权

生命权的概念，理论界虽有不同主张，强调是以生命安全利益为内容的权利，是其基本的方面。[1] 生命权以自然人的生命安全为客体，以维护人的生命活动延续为基本内容，保护的对象是人的生命活动能力。传统理论认为，生命权只在维护生命安全、对他人的侵害行为进行正当防卫时有有限的支配性。[2] 理由是担心如果生命权可以随意支配便意味着生命权人可以任意处分自己的生命，就给自杀提供了合法的根据。从哲学观念上说，生命中是有伦理价值的，不是单纯属于个人，没有人能随意处分自己的生命，否则就是将人看作是客体和工具。[3]

尽管如此，人对生命价值享有维护安全利益的生命权之外，在某些情况下依然享有放弃生命的自我决定权。根据人格发展理论，人格发展最根本的基础在于生命的存在，只有生命存在才能充分发展其他人格利益。然而，如果放弃生命能够升华人格，或者能够实现社会普遍推崇的道德，比如为了追求科学真理、国家安全、社会大众的幸福，个体有权利选择终结自己的生命，这不是生命权的权能范畴，而是个人基于自我决定权对于生命这一人格要素进行的处分。有争议的是，末期人体试验受试者是否有终结生命的自我决定权。肯定的观点认为末期人体试验受试者的生命存在不仅不能促进人格发展，而且有损人格尊严，对于末期人

---

[1] 杨立新：《人身权法论》，人民法院出版社2006年版，第388页。

[2] 王利明：《人格权法研究》，中国人民大学出版社2005年版，第303~309页。

[3] 王利明：《人格权法研究》，中国人民大学出版社2005年版，第406页。

体试验受试者来说最大的关怀可能就是允许他们选择有尊严的死亡。[1] 否定的观点则还是担心人的客体化问题。为了论证的集中性，本文对该问题的讨论在第三章进行。

（二）身体权

传统理论认为，身体权是自然人保持其身体的完整的权利。[2] 身体的完整不仅包括外在形体的完整，还包括内在组织、器官的完整。身体是人格的重要载体，抽象的人格必须附着在身体上才能成为一个真实的人，人格要素也才有意义。换言之，身体是抽象人格的表征。任何人不得随意侵害他人的身体，损害他人身体的完整性。因此，医疗活动中，具有侵袭性的手术、需要切除人体的某些病变坏死的组织或器官等医疗行为，必须得到人体试验受试者的同意才能免除其非法性。

随着医疗技术的发展，个体不仅为了治疗疾病需要部分让渡自己身体的完整性，还可以按照自己的人格追求主动改变自己的身体，比如隆鼻、隆胸、削下颌骨，甚至抽出第 12 对肋骨为了让腰围更小等。此时，身体权便遇到了困境。保持身体的完整，是防御性的权利，而主动改变身体的完整，则是积极的对自我人格的支配，只能由自我决定权来涵摄。

尤其在医疗活动中，人体试验受试者基于疾病治疗的需要，有时候可能不得不改变自己身体的某些部分和特征。此时，保持身体完整的身体权没有适用的余地，只能通过积极的自我决定权来实现对人体试验受试者权利的保护。某些医疗行为，如截肢、切除乳房、化疗（将造成头发严重脱落）等，将对人体试验受试者的身体特征造成较大的改变和影响，是否实施这些医疗行为

---

[1] 杨立新、刘召成："论作为抽象人格权的自我决定权"，载《学海》2010年第5期。

[2] 史尚宽：《债法总论》，中国政法大学出版社2000年版，第148页。

取决于不同人体试验受试者人生观、价值观和内在性格，而且也将直接影响人体试验受试者未来的生活和人格特征，对于其人格的发展将产生重大的影响。因此，对于这种涉及身体所体现的人格特征的重大改变，只能由人体试验受试者本人根据自己的人生哲学、信仰和人生观等构成内在人格的重要观念做出决定，实现自己人格的发展。

我国《宪法》规定了人身自由权这一基本权利，其中便包括身体完整不受侵害和对自己身体的积极决定。这些规定辐射到民法中，给立法者设立保护人对其身体自主和自我决定免受第三人侵害的义务。这里其实就最多地涉及自我决定权和知情同意原则的关系的问题。知情同意理论源自美国，经过国际条约的再次明确，已基本成为世界范围的公认原则。人体试验需要受试者的明确同意，因为只有"同意"才意味着法律承认受试者对其身体是否接受某种新药或新的医疗方案享有自我决定权。如果法律不承认人体试验受试者享有该项自我决定权，那么受试者的同意便不具备合法化的法律后果。然而，针对该原则存在的固有弊端，日本借鉴并不断发展变革，在大陆法的体系框架内以司法判例的形式确立了身体自我决定权，[1] 这对于大陆法系人格权的发展具有重大的意义。自我决定权保护的个体基于自己的人格追求对自己的人格要素进行自我决定的意志自由，是对意志人格的保护，而不仅仅是对人格要素完整性的保护。

（三）健康权

传统学说认为健康权指保持身体机能的权利，很少论及权利人在健康方面的自由。实际上，健康是一个人非常重要的人格要素，一个人的健康状况在一定程度上表现了他的人格特质，例如

---

〔1〕　夏芸：《医疗事故赔偿法——来自日本法的启示》，法律出版社2007年版，第535页。

林黛玉的健康状况与她忧郁的性格构成她非常突出的人格特质。权利人针对自己的健康状况具有自我决定权，可以通过各种体育活动提高健康水平，在生理机能、功能出现不正常状况即健康状况下降的时候，有请求医疗、接受医治的权利，使健康状况达到完好的状态或者恢复到原有状态。那些干涉他人自主选择治疗方式，利用巫术欺诈人体试验受试者等阻碍权利人进行治疗的行为，都属于对自我决定权的侵害。只不过由于这种决定自由很少受到侵害，不为侵权法所重视，因此为学界所忽视。[1]

（四）名誉权

名誉权的概念界定不一，杨立新教授主张，名誉权是指公民和法人就其自身属性和价值所获得的社会评价，享有的保有和维护的人格权。[2] 对于名誉权的对象，一般认为应当是一种积极的社会评价。权利人有权保持自己的名誉不降低、不丧失，在知悉自己的名誉处于不佳状态时，可以以自己的实际行动改进它。名誉保有权的实质不是以自己的主观力量左右社会评价，而是通过自己的行为、业绩、创造性成果作用于社会，使公众对自己的价值予以公正的评价。但是，现在网络世界和社会的发展，有些人为了出名甚至会故意"自黑"，做出一些让自己得到负面社会评价的事情。名誉权的内容已经无法涵盖这部分内容，自然人对自己的行为等产生的社会评价是正面还是负面的，有自我决定的权利。

（五）姓名权

《中华人民共和国民法通则》（以下简称《民法通则》，已失

---

[1] 杨立新、刘召成："论作为抽象人格权的自我决定权"，载《学海》2010年第5期。

[2] 杨立新：《人身权法论》，人民法院出版社2006年版，第583页。

效）第 99 条中即确认了公民享有"姓名权"，并明确了其权利内容为决定、使用和改变自己的姓名。《中华人民共和国民法总则》（以下简称《民法总则》，已失效）第 110 条和《民法典》第 110 条同样规定了自然人享有"姓名权"。姓名包括姓和名两部分，姓是一定血缘遗传关系的记号，标志着个体公民从属于哪个家族血缘系统；名则是特定的公民区别于其他公民的称谓。姓名的组合，构成一个个体完整的文字符号和标记，是人身专用文字符号和标记。姓名亦有广义、狭义之分。狭义的姓名即为本名。广义的姓名包括姓名本名以及字、号、笔名、艺名等区别公民人身特征的文字符号。在我国大陆地区，公民的字、号已很少见，但别名、笔名、艺名的使用，则很普遍，且为多数人所熟知，更甚于本名，如鲁迅、茅盾、红线女等。这些本名之外的别号，在某些活动中有比本名更为重要的意义。[1]

尽管姓名权本身也蕴含对姓名及其产生的人格利益自我决定的内容，体现出对于个人基于自我认知和人生规划，而得以自我决定姓名的意志自由的尊重。而自我决定权对于姓名人格利益的意义，更多在于进一步强调了权利人对于姓名自主性，包括变更姓名尤其是变更姓氏的自由。变更姓氏在中国历史上也很常见，如三国时魏国名将张辽的祖先聂壹，在汉武帝时期曾引诱匈奴人入塞，以便汉军伏击，失败后为避祸改姓张隐居。另外，不少少数民族在汉化过程中，也会用简单的字代替之前繁琐的少数民族姓氏。[2]

（六）隐私权

隐私权从诞生之初至今，其内容日益发展庞大。美国法中，

---

〔1〕　杨立新：《人身权法论》，人民法院出版社 2006 年版，第 467 页。

〔2〕　张晴虹："试论中国古代张姓的源起与变迁"，载豆丁网：https://www.docin.com/p-706198885.html，最后访问日期：2021 年 5 月 10 日。

自我决定权是放在隐私权中予以保护的，[1] 包括个人对婚姻、生育、避孕、家庭、养育儿女及教育等的自主决定权。1965 年的 Griswold v. Connecticut 一案，关于夫妻避孕药的使用是否合宪的争议中，确立了个人事务自主性应受宪法保障的观念，肯认个人隐私地带的存在。[2] 1976 年的 In re Quinlan 一案中，联邦最高法院承认隐私权的保障包含人体试验受试者自主权，当然保障人体试验受试者拒绝医疗措施的决定，并且认为撤销维生设备也受宪法对隐私权的保障。[3]

实际上，美国法上的隐私权更像一个一般人格权，我国的隐私权则是一项具体人格权利。我国法上的隐私权经历了大数据时代，再至"互联网+"，个人信息的支配和利用已逐渐脱离隐私权的范畴，成为独立的个人信息权。齐爱民认为，个人信息之上的权利称为"个人信息控制权"，简称"个人信息权"，是指本人依法对其个人信息所享有的支配、控制并排除他人侵害的权利。[4] 李震山主张，信息权"是以保障人格权为核心，包括消极面的个人信息不受侵犯和积极面的个人信息自我决定"，[5] 杨咏婕博士则将上述两种界定加以统合。[6] 上述立法和学说所使用的"信息权"，强调信息物的属性和信息主体对其的控制，而这个"控制"便是自我决定的一种体现。所以，从隐私权到个人信息权，这两个权利的分离与自我决定权的发展形成了互为印

〔1〕 侯英泠："我国医疗事故损害赔偿问题的现况与展望研讨会（一）"，载《台湾本土法学杂志》2002 年第 39 期。

〔2〕 Griswold v. Connecticut, 381 U. S. 479, 85 S. Ct. 1678, 14L. Ed. 2d510 (1965).

〔3〕 In re Quinlan, 429 U. S. 922 (1976).

〔4〕 齐爱民："论个人信息的法律保护"，载《苏州大学学报（哲学社会科学版）》2005 年第 2 期。

〔5〕 李震山："'电脑处理个人资料保护法'之回顾与前瞻"，载《中正大学法学集刊》2004 年第 14 期。

〔6〕 杨咏婕："个人信息的私法保护研究"，吉林大学 2013 年博士学位论文。

证的关系。

（七）婚姻自主权

婚姻自主权是公民按照法律规定，自己作主决定其婚姻的缔结和解除，不受其他任何人强迫或干涉的人格权。[1] 它其实也是自然人对自己的婚姻自我决定的权利，只是在自我决定权没有成为一项权利的时候，由于婚姻长期以来的尊长包办制，在资产阶级天赋人权的斗争中作为一项重要权利得到了法律的确认。它是自我决定权在婚姻领域的具体体现，是自我决定权在某个具体人格领域的权利萌芽，从某个角度也证成了自我决定权的适格性。

---

[1]　杨立新：《人身权法论》，人民法院出版社 2006 年版，第 275 页。

第二章　人体试验受试者自我决定权的基本理论

个人的自主决定，即每个人在自主的私生活领域，都可以不受限制地发展并维护其人格特性，被学者称为"个人的自决思想"。[1] 个人自主决定是一种权利，还是一种原则，也就是究竟是否称为自我决定"权"，这个问题牵涉到个人自主决定的概念是否具有权利的性质。

第一节　自我决定权的本体理论

一、自我决定权研究的必要性

（一）传统人格权对意志人格保护的缺如

康德提出："没有理性的生灵不叫作人，因为人以其本质即为目的本身，而不能仅仅作为手段来使用。"[2] 而拉伦茨认为，

---

〔1〕 翁晓玲："新闻报道自由与人格权保护——从我国与德国释宪机构对新闻报道自由解释之立场谈起"，载《当代公法新论（上）——翁岳生教授七秩诞辰祝寿论文集》，元照出版公司 2002 年版，第 95 页。

〔2〕 ［德］康德：《法的形而上学原理——权利的科学》，沈叔平译，商务印书馆 1991 年版，第 48 页。

"从这一立论中可以推导出：每一个人要求其他任何人尊重他的人格、不侵害他的生存（生命、身体、健康）和他的私人领域；相应地，每一个人对其他人也都必须承担这种尊重他人人格及不侵害他人权利的义务"。[1] 人格分为三个逻辑层次，即意志人格、内在人格和外在人格。其中意志人格处于枢纽地位，是人格权中最重要的因素。它控制和支配内在人格与外在人格。意志在法学中被称为"理性"（强有力的、有见识的、朝向目的的自由意思），这种"理性"对人的内在人格进行指引，人会通过意志人格形成自己的思想和感情等内在人格，而后其内在人格又参与到意志人格决定的过程中来。[2] 内在人格既明确了意志人格的内容，也促进了意志人格的决定，而意志人格在决定的过程中丰富、强化了内在人格，使得人格更加完满。外在人格，是指能为人自身感官所感知的外部存在，包括物质性存在与精神性存在。法律对人格的有形客体与无形客体会用不同的法律技术予以调整：生命权、健康权、身体权等保护的是人的外在人格；肖像权、姓名权、名誉权、一般人格权（人格平等、人格尊严、人格自由）等保护的是人的内在人格。它们保护人格的完整性，属于静态保护，而对于意志人格的动态保护在民法中并没有体现，意志实现最高人格本质的价值没有切实贯彻，因此，"传统民法对于人格权的保护是不全面的，对于人格权中最活跃的因素意志人格，应通过法律范围内的人格自主决定与财产的和平享有来保护"。[3] 质言之，就是用自我决定权与公开权来保护。那么，对

〔1〕［德］卡尔·拉伦茨：《德国民法通论》（上），王晓晔等译，法律出版社2003年版，第46页。

〔2〕 Steven J. Heyman, *Righting the Balance: an Inquiry into the Foundations and Limits Freedom of Expression*, 78 B. U. L. Rev. 1275, 1325 (1998).

〔3〕 Hannes Rosier, Harmonizing the German Civil Code of the Nineteenth Century with a Modern Constitution-The Lutll Revolution 50 Years Ago in Comparative Perspective, 23 Tul. Eur. &Civ. L. F. 1, 26 (2008).

于保护意志人格的权利应放在人格权的何种位置将是我们必须面对的问题，因此，我国在学术上创建了抽象人格权，将意志人格的保护容纳在抽象人格权中。

（二）传统人格权的逻辑结构与体系模式的缺陷

自我决定权的保护制度缺位，亦源于传统人格权逻辑结构和体系模式的缺陷与矛盾。1866年，德国学者纽内尔提出了"人格的权利"这一概念，对这种新权利的内容的理解，他继承了康德的观点："对于人格的权利我们的理解是：这是一种人能够自己确定自己的目的、并且能够按照确定的目的发展自己的权利。"[1]在权利体系的设置上，基本形成了人格权和财产权相对立的格局，二者共同构建了追求精神自由和追求财富增长的激励机制，体现了民法典作为公共政策形成社会激励的均衡性考虑。[2]传统人格权仅包括一般人格权与具体人格权。首先，我国传统人格权对于人格权的保护不全面，具体人格权与一般人格权没有完全涵盖整个人格权保护的范围，对人格权中意志人格的保护没有体现，因此，出现了自我决定权、公开权等保护意志人格的新兴权利。而这两种权利既不属于一般人格权也不属于具体人格权，因此，自我决定权与公开权没有自己的确切位置，以至于在人格权的体系中无法保护。其次，具体人格权与一般人格权并不是两个相对应的概念。具体人格权有明确保护的客体，一般人格权是对人格平等、人格自由、人格尊严等客体进行保护，只能理解为是一种对于具体人格权的概括性的、辅助性的保护，它们并不是两个逻辑结构相对应的概念。严格来说，"具体"一词相对应的词汇应是"抽象"，因此与具体人格权逻辑结构相对应的权利应是

---

〔1〕 ［德］汉斯·哈腾鲍尔："民法上的人"，孙宪忠译，载《环球法律评论》2001年冬季号。

〔2〕 袁雪石：《民法典人格权编释论》，中国法制出版社2020年版，第66页。

抽象人格权，一般人格权只能算作抽象人格权的部分内容，因为抽象的定义比较宽泛，可以理解为包括意志人格。最后，一般人格权与具体人格权的概念有些许矛盾和冲突。一般人格权产生和规定具体人格权，并保护具体人格权以外的人格利益。

因此，从一般人格权的含义来看，似乎体现了对全部人格利益的保护。但众所周知，人格权亦是对全部人格利益进行保护的权利。这样看来，两者岂非有类似或拥有交集之嫌。因此，从两种权利的含义来看，已违背了传统人格权体系构建的初衷。因为，人格权体系应是垂直结构、树性结构，但是从一般人格权与人格权的概念来看，如此构建未免过于牵强。因此，我们亟待建立一个科学、合理的人格权体系。

二、自我决定权的概念及其人格权地位

自我决定权最早派生于哲学中的意志自由论、宪法的意志自由论和宪法中的自主决定思想。20 世纪后半期，在美国自由主义思潮影响下，人们愈发推崇"个人价值观"，个人主义思想聚焦使得自我决定权应运而生。近代哲学家所倡导的"维护人的尊严"和强调"个体决定自由"对自我决定权的产生也具有重大的影响。康德曾经说过："一个人绝对不应该只作为一种手段去达到另一个目的，也不能与真正的主体混淆。一个人生来就有人格权，就可以保护自己反对这种对待。"[1] 此后，在美国判例法的影响下，《日本宪法》也对自我决定权明确进行了保护。

---

〔1〕 马克昌主编：《近代西方刑法学说史略》，中国检察出版社 1996 年版，第101 页。

（一） 自我决定权的概念与特征

1. 自我决定权的概念

自我决定权一直受到哲学和宪法理念的影响，其民法的意义在于运用其特有的法律主体、客体等专业技术和手段，将哲学、宪法与民法融会贯通，同时将三者的内在价值运用在自身的原理和具体制度中，使之成为具有可操作性和实用性的法律规则。自我决定权体现的是对意志自由的保护，人格的核心是意志人格，意志在法学中被称为"理性"（强有力的、有见识的、朝向目的的自由意思），[1] 但"理性"并没有涵盖意志的全部内容，虽然它肯定了意志作为人格的核心要素。意志决定是一个繁琐的过程，意志决定自由是"理性"的最终本质和目的。自由具有宽泛的意义，是指免于外来控制，免于所有除由法律正当施加以外的约束。[2] 在人格权理论中，学者将自由分类为身体自由和精神自由，意志决定应跻身精神自由保护行列。[3] 人作为理性生灵，自由须在理性范围之内，即不悖于公序良俗和道德自律为限。[4] 因此，人格权中"自由"的前提是不能违背法律、社会公共利益和超越道德底线。

根据唯物主义的理论，不能仅将意志自由停滞在或者拘泥于意识层面，为使其能更好地作用和服务于客观存在如具体权利条款等，必须将它与人格中的外在人格要素、内在人格要素相结合，为意志决定自由找到能被他人所识别的客观载体，以此对其规制与运用。首先，自我决定是意志的决定，自我决定权应属于

---

〔1〕 ［日］星野英一：《私法中的人》，王闯译，中国法制出版社2004年版，第37~38页。

〔2〕 *Black's Law Dictionary*，West Publishing Co，1979，p. 827.

〔3〕 张新宝：《中国侵权行为法》，中国社会科学出版社1998年版，第407页。

〔4〕 马俊驹：《人格和人格权理论讲稿》，法律出版社2009年版，第210页。

人格权范畴，内在与外在人格要素可以作为其客观载体。意志人格要素应针对外在要素与内在要素，并共同促进人格要素的发展。"人与物二分法"与"法学中财产权、人格权的明显划分"，[1]决定了自我决定权应选择人格要素作为客观载体。其次，自我决定权作用的人格要素所涵盖的具体权利应是能被主体现实决定的。最后，自我决定权是对人格权的动态保护。[2] 它是对处在不断发展中的人格要素进行保护，因此，保护的过程也应是动态的。传统人格权对人格利益的保护仅限于对人格要素被动、消极的静态保护，自我决定权的产生无疑使得人格权的保护机制更为完善。正如美国大法官 Banjamin Cardozo 所说："一个心智健全的成年人，有权利选择自己的身体接受哪种方式的对待。知情同意使得侵袭性的试验行为具有正当性。"[3] 因此，作者认同杨立新教授的主张，即自我决定权是自然人在不违背法律和公序良俗的前提下，意志人格通过对生命、身体、健康、姓名等具体人格要素的支配、塑造、控制、选择和决定，最终实现人格发展的"抽象人格权"。[4]

2. 自我决定权的特征

需要明确的是，自我决定权与法学研究中的精神自由权并不相同，尽管二者均为对于意志、精神和思想自由的保护。赛亚·柏林在《两种自由的观念》中指出："在人类思想史中，存在消极自由和积极自由两种不同的自由观念，探讨精神自由时，这是

---

〔1〕 财产权的自由是指对其财产进行随意处分，而人格权中的自由不是对人格要素的随意处分而是对人格要素的自由丰富与发展。

〔2〕 Jurgen Gleichauf, Das postmortale Personlickeitsrechtiminternationalen Privatrecht, Peter Lang Europ, ischer Verlag der Wissenschalten, 1999, S. 68.

〔3〕 原文为"Every human being of adult years and sound mind has a right to determine what shall be done to his own body." See Schloendorf v. Society of New York Hospital, 211 N. Y. 125, 105 N. E. 92（1914）.

〔4〕 杨立新：《人格权法》，法律出版社 2011 年版，第 249 页。

无法回避的范畴。"积极自由是希望对自己的生活和选择做自我决定，并不受外界力量的影响；希望自己成为主体，而非别人意志的工具。消极自由是对自由的完整性和纯粹性的保护。精神自由受到侵害后，我们会采用"免于受外界干涉"的规定，来保护消极自由。[1] 因此，自我决定权保护的是人的积极自由，而思维自由保护的是人的消极自由。

人体试验受试者自我决定权的特征主要有：

第一，保护人体试验受试者的自我决定权，应承认人体试验受试者享有根据个人价值和信仰做出选择和行动的权利。真正的尊重还需要考虑到允许或促成他（她）实现自我决定的条件。比彻姆与查尔维斯认为，正常行为者做出自己的选择需满足三个要求：有意识、有理解力、有决定行为权。换言之，就是有能力做决定的病人应当享有权利选择、决定他所喜爱的医疗行为方式，无论这样的决定在一般人眼中是否系出于理性的决定，医务人员有义务尊重病人的决定，以人体试验受试者自身的决定作为施行或不施行医疗行为之准则，例如在美国司法实务上，即明确肯认心智健全的人体试验受试者得拒绝救命的输血。[2]

第二，人体试验受试者的自我决定权表达了对一个人的尊严与价值非但不因疾病而丧失或减损，反而因为疾病而更加彰显的观点。而且，承认病人的自我决定权也与整个医学的目的——追求本人福祉相匹配。[3] 对人体试验受试者自我决定权的侵害，将以人格尊严等人格利益的减损——非财产损害的形态出现，而

〔1〕 徐显明主编：《人权法原理》，中国政法大学出版社 2008 年版，第 173～174 页。

〔2〕 Taft v. Taft, 383 Mass 331, 446 NE 2d 395 (1983)；Wons v. Public Health Trust, 500 So 2d 679 (FlaDistCtApp) (1987)；In re Osborne, 294 A. 2d 372 (D. C. 1972). 转引自杨秀仪："宽容文化与病患自主——从告知后同意到告知后选择"，载《多元价值、宽容与法律》，五南图书出版公司 2004 年版，第 111 页。

〔3〕 杨秀仪："论病人自主权"，载《台大法学论丛》2007 年第 2 期。

人体试验受试者因自我决定权受到侵害后，医务人员实施医疗行为后产生的并发症或治疗风险，导致人体试验受试者遭受的身体、健康上的伤害是自我决定权遭受侵害后的"二次损害"。

第三，人体试验受试者的自我决定权在权能上表现为积极的权能形态，即请求医师充分告知，它对应着医师的告知义务。而传统的生命权、身体权和健康权在权能上表现为消极的权能形态——不得侵害人体试验受试者身体的生命、身体和健康。侵害人体试验受试者的自我决定权并不必然带来健康利益的损害。是故，就告知后同意规则而言，自我决定权的实现是保障人体试验受试者健康权的桥梁。

（二）自我决定权的人格权地位

1. 自我决定权是宪法自由的私法投射

自我决定权源于"人性尊严"这一宪法价值，从积极面去定义人性尊严，便是人之所以为人，是基于其心智，此心智使其有能力脱离非人的本质，并基于自己的决定去意识自我、形成自我。[1] 其内涵包括人本身的主体性和需要被尊重的自由意志。前者强调人的存在本身就是目的，没有任何人或任何公权力可以将人视为客体或工具去支配使用，这是人的主体性。除了主体性外，个人的意志得以自由地展现并实现自我，让每个人都能自己为自己做主，也为自己的行为负责，更是彰显人性尊严的重要价值。因此，对每个人自我认同的方式和价值予以尊重，就是对人性尊严的尊重。[2] 换言之，以人民作为民主法治国家的共同体成员，成员间互相承认对方的主体性，尊重对方自我决定的自由

---

〔1〕　蔡维音：《社会国之法理基础》，正典出版公司2001年版，第27页。

〔2〕　李震山：《多元、宽容与人权保障——以宪法未列举权之保障为中心》，元照出版公司2005年版，第132页。

正是人性尊严具体的概念内涵，[1] 也是共同体的成员间能和平共存所需要互相认可的基本承诺，这样的承诺构建了宪法最基本的基石，也说明了个体自由的保障必须建立在不侵犯他人的基础上。法秩序的强制力之所以能正当化，就在于它要维护这个共同体成员间的最根本承诺。如果违背这一承诺，就失去了正当性。这样解释下的人性尊严，作为法概念而言，所要保护的便是人人不分贤愚、穷富、强弱等条件，都能平等享有"人的主体性"和"自主的自我形成""自我决定"的权利。[2] 因为人的尊严所在是属于主体的自我决定，宪法最基础的价值就在于保障每个人的人格均能自由发展。[3]

自我决定权是宪法上人性尊严的价值在私权领域的投射，它的内容涵摄在人格权之中，因而自我决定权是一项人格权。人格权是作为权利主体的人，自身所生的权利，其保护与人的人格密不可分的重要社会利益，包括生命、身体、健康、姓名、名誉等权利。[4] 某种意义上说，人格权的发展一直受到侵权法的影响和限制。《德国民法典》第 823 条没有规定一般人格权，也没有规定名誉权等其他具体人格权。二战以后，《德国基本法》规定，"人类尊严不得侵犯。尊重并保护人类尊严，系所有国家权力（机关）的义务"，"在不侵害其他人权利及违反宪法秩序或公序良俗规定范围内，任何人均有自由发展其人格的权利"。通说认为，这一宪法条文是对一般人格权的规定。由于宪法对一般人格权的原则作出了规定，而《德国民法典》对此没有明文规定，德国法院以《德国基本法》确立的原则为依据，创设对一

---

〔1〕 蔡维音："人性尊严作为法概念之出路"，载《法律与生命科学》2009 年第 3 期。

〔2〕 蔡维音：《社会国之法理基础》，正典出版公司 2001 年版，第 32 页。

〔3〕 蔡维音：《社会国之法理基础》，正典出版公司 2001 年版，第 34 页。

〔4〕 李震山："从生命权与自决权之关系论生前预嘱与安宁照护之法理问题"，载《中正大学法学集刊》1999 年第 2 期。

般人格权民法保护的判例法。在德国法中所保障的一般人格权，包括保障个人对自己事务衡酌的权利，所谓"衡酌"是赋予个人可以自我优先考量在私领域中利害冲突的人格利益，并保障个人人格的自由发展，也是个人决定"我是什么"的个人型塑权。[1] 因此，在德国，自我决定权是从一般人格权导出，[2] 它是人格自我型塑权的核心。[3] 自己的事务由自己管理，当然涵盖医疗相关事务的自我决定，当一个人的意见和行为均能由自己主导并负责时，人格权才能真正受保障，也就保障了人体试验受试者自我决定权。

2. 自我决定权是意志自由的贯彻

意志自由能够在人格权领域得到贯彻。德国学者克尼佩尔认为，意志表现于行为之中，当行为表达了一个由法律制度所授予的意志力量或意志统治时，行为具有法律效力。从身份到契约的社会变革基本完成之后，人与人之间为平等主体的关系。人格尊严、人格自由在此过程中完成了法律技术上的转换，人对自身的支配真正成为法律上的权利，即人格权。[4] 对此，王泽鉴教授也持相同意见，他认为："人格权的客体为人之本身，系以人之本身为人格权的存在基础，及其直接现实的表现，乃应受法律保护的对象而非受支配的客体。"[5] 德国法学家基尔克表示，我们所说的"人格权"，"就是指保障一个主体能够支配自己的人格

<hr />

[1] 李震山："从生命权与自决定之关系论生前预嘱与安宁照护之法理问题"，载《中正大学法学集刊》1999年第2期。

[2] 侯英泠："我国医疗事故损害赔偿问题的现况与展望研讨会（一）"，载《台湾本土法学杂志》2002年第39期。

[3] 李震山："从生命权与自决权之关系论生前预嘱与安宁照护之法理问题"，《中正大学法学集刊》1999年第2期。

[4] 袁雪石：《民法典人格权编释论》，中国法制出版社2020年版，第86~87页。

[5] 王泽鉴：《民法总则》，中国政法大学出版社2001年版，第205页。

必需组成部分的权利。正是在这意义上，该权利可以被称为'对本人的权利'，而且通过这一客观性的表述可以清楚地将它与其他权利区别开来……作为一种私法上的特别权利，人格权与我们所说的一般人格权有清楚的区别，因为后者指的是由法律制度所保障的、要求自己作为一个人应该享有的请求权。人格权是一种主观权利，它必须得到每一个人的重视"。[1]

而抽象人格权是为了加强对意志人格的保护，通过运用塑造和使用等手段，自由地作用于内在和外在人格要素从而促进人格发展的权利。[2] 这里所指的"自由"，有学者主张，如果对意志决定自由不予限制，那么所有的侵害行为均属于对意志决定自由的侵害。[3] 因此，有学者提出，抽象人格权是对意志决定自由的保护而非对人格要素完整性的保护，抽象人格权的行使必须通过一定方式作用于内部和外部人格要素，才能被识别而彰显一定的价值；抽象人格权是意志针对不同具体人格要素做出的决定，表现的形态多样化，可能是对人格要素的塑造或发展，抑或是对人格要素的控制和利用。另外，因为抽象人格权的客体可以有多种外观表征，该权利的外观不能被权利客体完全覆盖，所以难以予以清晰的决定。根据不同的表征，可以将抽象人格权分为一般人格权、自我决定权和分开权。[4]

3. 自我决定权是民事权利而非权能

权利和权能可能会随着社会的发展而相互转化，德国学者卡尔·拉伦茨就提出，权利与权能的区分不是绝对的，有时或多或

〔1〕 [德] 汉斯·哈腾鲍尔："民法上的人"，孙宪忠译，载《环球法律评论》2001年冬季号。

〔2〕 杨立新：《人格权法》，法律出版社2011年版，第268页。

〔3〕 詹森林："自由权之侵害与非财产上之损害赔偿"，载《万国法律》1993年第70期。

〔4〕 杨立新：《人格权法》，法律出版社2011年版，第270页。

少由其重要性来决定。[1] 而自我决定权这一权利的出现，正是对个人自决及个性提升的有力保障。所以，它是一项重要的民法权利，而并非仅仅是某种私法权利的权能。权利和权能仅仅一线之隔，但只有具有独立地位的权能可以成为权利。人的主体性、价值性，人的自主、自觉、自我选择和自我决定的全部意义都凝结在"权利"而非权能或权益上。"关于权利的语言是一种特别有力的表达方式，它表达的是尊重个人，尊重他人的价值和尊严以及尊重他作为自主的道德行为者的地位。"[2] 权利是从法律关系中抽离出来的，但是我们不能把法律关系中所有的行为都称为"权利"，而是把某种具有独立地位的权能称为权利。[3]

其一，权利确立了人的主体性。人是主体，权利是主体的内在要求，只有主体才会要求权利、才配享有权利、才能行使权利，任何一种权利都只能属于主体人。权利是人作为主体的标志和确证，没有权利就没有主体，没有权利的主体就不是真正的主体。其二，权利是对主体内在自由要求的弘扬。自由源于人的本性，而权利是对人的自由的确认。通过权利的设定能够保障人的自由，通过权利的行使能够实现人的自由。其三，权利是人们获得利益的正当方式和合法途径。从根本上说，权利允许、鼓励和保护人们自由地选择自认为最合适的方式去追逐自己最大化的合法利益。

同时，权利是一种重要的利益调整机制，权利和利益之间有一种天然的联系。因此，有学者认为，"承认人们的利益，就必须承认人们需要的权利，因为利益在法律上的表达就是权利，只

---

〔1〕　[德] 卡尔·拉伦茨：《德国民法通论》（上），王晓晔等译，法律出版社2003年版，第201页。

〔2〕　陈弘毅："权利的兴起：对几种文明的比较研究"，载《法理学（法史学）》1997年第3期。

〔3〕　[德] 卡尔·拉伦茨：《德国民法通论》（上），王晓晔等译，法律出版社2003年版，第263页。

有利益法律化为权利，才是合法的、安全的、可预测的"。[1] 权
利在调整利益的过程中，其功能是多元的。权利既确认、界定和
分配各种利益，又协调各种利益之间的冲突。而自我决定权在保
护人的意志自由过程中，也对个人的自我决定利益进行确认、界
定和分配，具有相对独立的保护对象。因此，自我决定权属于权
利而非权益或权能，法律通过特有的技术和方法对其进行保护，
是一项非常重要的抽象人格权。

三、自我决定权的基本构造

（一）德国法上自我决定权的基本架构

德国法在解释自我决定的内涵时，将一般人格权再以"个人
的自决思想"而开展出三种保障范围：个人的自我决定权、个人
的自我防卫权和个人的自我表现权。

第一，个人的自我决定权。此权利是保障个人原则上可以自
己决定与第三人或公众相处，尤其是如何根据自我的表达呈现自
己，而自主与个人的自我决定，是《德国基本法》第2条第1项
保障个人自由发展的基础，因此，首先应当涉及个人独立寻求自
我意义及与可以信任的人发展亲近关系的权利。[2] 在此范畴下，
涉及私人领域及个人认同的干预者，即属于对个人的自我决定权
的干预，而为基本权一般人格权保护的范畴。

第二，个人的自我防卫权。这是因为一般人格权也保障个人
离群索居及自我保护的自我防卫权，如基于医患之间的信赖关系

---

[1] 张文显：《法哲学范畴研究》，中国政法大学出版社2001年版，第366页。
[2] 陈耀祥："论广播电视中犯罪事实之报导与人格权保障之冲突——以德国
联邦宪法法院之雷巴赫裁判为讨论核心"，载《当代公法新论（上）——翁岳生教授
七秩诞辰祝寿论文集》，元照出版公司2002年版，第133~135页。

所建立的病历资料、个人的基因资料、健康状态、心理状况及日记资料等，个人可以基于自我保护的理由予以隐匿。而离群索居的范围，在空间上是超出主债权所保障的居家范围，涵盖个人不愿受到干扰的独处地点。[1]

第三，个人的自我表现权。一般人格权也保障个人形象不受贬损、虚假及扭曲的公开呈现。此项权利所保障的内容包括名誉、肖像、不受窃听与偷摄的言论、报道更正请求权、刑事诉讼或类似程序中免于被剥夺自由及职业生活中免于被强迫公开私事等权利。

因此，有研究者推断，德国法医疗上的自我决定权，就基于医患之间的信赖关系所建立的病历资料、个人可以基于自我保护的理由予以隐匿、病人不愿受到干预和侵犯医疗方式的选择，至少应属于上述"个人的自我防卫权"和"个人的自我表现权"的范畴。[2]

本书认为，德国法上的"个人自决思想"实际上就是对一般人格权的具体化和延伸，而患者的自我决定权仅是一般人格权的部分内容，这与我国立法实践和法律理论有所区别。我国立法上没有一般人格权的概念，所以德国法从其中发展出来的三种保障范围在我国人格权领域分属不同的权利，并有交叉。个人的自我防卫权，对应于信息权和隐私权的内容；个人的自我表现权则对应于名誉权、肖像权、隐私权、信息权的内容。只有个人的自我决定权，才对应于本书所讨论的自我决定权的范畴。因此，我国患者自我决定权的基本框架是不包括德国法"个人的自我防卫

[1] 陈耀祥："论广播电视中犯罪事实之报导与人格权保障之冲突——以德国联邦宪法法院之雷巴赫或判为讨论核心"，载《当代公法新论（上）——翁岳生教授七秩诞辰祝寿论文集》，元照出版公司2002年版，第38页。
[2] 杨玉隆："论医疗上病患'自主决定权'之宪法地位——以宗教信仰为由拒绝输血案判决为例"，载《中正大学法学集刊》2014年第43期。

权"和"个人的自我表现权"的,而仅包括"个人的自我决定权"。对患者自我决定的内容框架的阐释,还是应当结合实际的医疗行为,进行具体的分析。

(二) 日本法上自我决定权的基本架构

自我决定权的具体内容为何,即便在自我决定权提出较早的日本,见解也颇有分歧。有学者认为,自我决定权是涵盖在幸福追求权范畴内的人格自律权,并将其定义为:与个人人格生活息息相关的私的事情,有不受公权力介入、干涉而个人可以自律决定的自由。如结婚或不结婚的自由、生育或不生育的自由、离婚或不离婚的自由、抽不抽烟的自由、发型服装选择的自由等,[1] 简单而言就是自己的事情自己决定。因此,自己决定权具有个人自己独特的生活样式、自己私人问题自己解决的特征,可以说是一种自己管理的权利。有学说认为,自我决定权是拥有独立的内容的权利,是实践追求幸福所不可或缺的权利。但幸福追求权并非没有限制,基于社会连带性的内在制约,也就是与公共利益相抵触时,必须受到约束。[2] 学说三将自我决定权限定在"对于人格生存不可或缺"、重要的"私人事项、不受公权力干涉、可以自行决定的权利"。[3]

总的来说,日本学说中关于自我决定权,是以保护对象的私人事务的内容为主,而这种自主权落实到人格权中,则表现为以不危害他人的情形为限,个人对于自己的身体具有主权者的地位,对于自己的躯体、四肢、器官、骨骼、血液及衍生品(指/趾甲、毛发)等,在不危害他人的情况下,除了有紧急状况或公

---

[1] [日] 芦部信喜:《宪法》,李鸿禧译,月旦出版社 1995 年版,第 134 页。

[2] [日] 立山龙彦:《自己决定权と死ぬ权利》,东海大学出版会 2002 年版,第 26 页。

[3] [日] 樋口阳一等:《宪法》,青林书院 1994 年版,第 295 页。

益等必要的情形，个人都具有自主决定的权利。

（三）我国法上患者自我决定权的框架

我国学者对自我决定权进行较为系统研究的很少，杨立新教授认为，自我决定权的内容在某种程度上受到科学技术水平发展的影响，呈现不断扩展的趋势。现代科学技术的发展为人们针对自己人格要素进行决定提供了越来越多的可能，甚至提供了人们针对自身基因进行决定的可能，虽然现在人们对于自己人格要素的自我决定的能力还受到很多的限制，但在不久的将来，对于人格要素的自我决定会有更多的可能，自我决定权的内容会越来越丰富。就目前而言，包括对于生命的自我决定、对于身体的自我决定、对于健康的自我决定和对于姓名的自我决定。[1]

患者自我决定权的框架应当结合医疗行为加以展开。我国法律体系中没有医疗行为的概念，只有《中华人民共和国执业医师法》规定了"医师执业活动"，是指"防病、治病，救死扶伤"。理论上，医疗行为的狭义解释，通常是指传统上以病痛、伤害的诊疗目的而实施的医学上行为。可是，医疗行为的实施除了基于病痛、伤害的诊疗目的外，还有应对社会其他目的、需求而实施的，如基于爱美、美观而实施的丰胸或美容整形手术，或基于男女性别调整需要而为的变性手术，或单纯基于医学进步而实施的医学实验行为，此类医疗行为虽不是针对实施对象的病痛、伤害予以诊疗，但符合社会各类需求目的，并且已经被社会认可不违背公序良俗；而且，此类行为的实施对人体的危险性，并不亚于传统病痛、伤害的诊疗，因此，没有将此类行为从医疗行为概念中予以排除的理由。换句话说，医疗行为应该从广义上进行理解，即除了基于传统上病痛、伤害的诊疗目的而实施的行为外，

---

〔1〕　杨立新、刘召成："论作为抽象人格权的自我决定权"，载《学海》2010年第5期。

凡对人体具有相当危险性，欠缺医师医学上技术就会对人体构成危害（或有造成危害的危险）的、符合社会需要且不违背公序良俗的一切医学行为均应包括在内。[1]

因此，结合广义医疗行为，患者自我决定权的内容应当包括四个方面：一是狭义医疗行为的患者自我决定权，二是医学美容中的患者自我决定权，三是人体试验中受试者的自我决定权，四是器官移植中捐赠者的自我决定权。美容医疗行为虽然种类较多，常见的双眼皮、隆鼻、隆胸、肉毒杆菌注射等，某种程度上类似于狭义医疗行为中的手术行为，和手术一样都是具有较强的侵袭性和危险性的。而人体试验和器官移植中，既有和狭义医疗行为中相同的手术、注射、麻醉等医疗行为，也有其自身的特殊医疗行为。

因此，本书采取提取公因式的做法，将患者的自我决定权的框架建构为一般医疗行为中患者自我决定权和特殊医疗行为中的患者自我决定权。前者为患者自我决定权的一般理论，包括对侵入性医疗行为的同意或拒绝权、要求医师说明的权利、选择治疗方案的权利、拒绝治疗的权利；后者将作为患者自我决定权的具体适用加以探讨。具体而言，自我决定权应涵盖以下类型：①有关生命、医疗与身体状态的自我决定权，如是否接受检查、诊疗或注射疫苗等；②有关生育事项的自我决定权，如生产、堕胎与避孕等；③有关家庭的形成、维持事项的自我决定权，如结婚、离婚及同居等决定；④其他有关个人生活方式的自我决定权，包括个人外形、名誉等。

---

〔1〕 王丽莎：《医疗过失理论研究》，中国政法大学出版社2014年版，第33页。

第二节　人体试验受试者自我决定权的基础理论

一、人体试验概述

（一）人体试验的概念

从不同的角度观察，人体试验也有不同的定义。从目的出发，黄丁全将其界定为"以开发、改善医疗技术及增进医学新知为目的，而对人之身体进行医疗技术、药品或医疗器材的试验研究行为"。[1] 从程序角度来说，某种新的医疗方法或技术，在动物试验成功后，尚未经医学界确认有疗效前，初步适用于人类疾病或伤残的治疗、预防或矫正，以得知其对人体的影响情形。本书认为，人体试验是指为了了解一项医疗技术、药品或医疗器械对人体造成的反应，借以增进医学新知，所进行的以人类身体的全部或一部分为对象的试验研究行为。医学研究中的人体组织采样，也涉及上述以人类身体的一部分为对象的试验研究行为，也属于本文所探讨的人体试验的范围。人体组织采样如果不是为了治疗疾病，而是为了开展医学研究，它所涉及的自我决定权问题与其他人体试验受试者没有差别，只是这种试验方法的侵害程度较小、侵害时间较短。

通常在新药、新技术等研发过程中，首先要经过动物实验，之后进入人体试验（或称临床试验）阶段。人体试验分为四个阶段，而且必须通过前一个阶段之后，才可以进行下一个阶段的

―――――――――――

〔1〕 黄丁全：《医疗、法律与生命伦理》，法律出版社 2004 年版，第 155 页。

试验：

1. 第一期人体试验

新药研发过程中，第一期人体试验是在完成动物实验后首次以人体为对象，其主要目的在于研究新药的安全性，而不是其疗效。所以，该阶段经常以少数志愿参加的健康者为受试者。该阶段希望探讨新药对于人体所起的生化及物理作用，观察药品于人体作用如何吸收、分布、新陈代谢，以及人体对药品的耐受性与毒性反应等。

2. 第二期人体试验

本阶段以较少数患者（通常为数十人）为受试者，以初步了解该药品对于患者的安全性和可能的疗效，并了解药品在患者体内的吸收、分布、代谢、排泄等情况，以及探讨治疗剂量和治疗范围。

3. 第三期人体试验

本阶段以较前阶段更多的患者为受试者，人数可能多达数百人或者上千人，目的在于更进一步评估新药的有效性和安全性，并借由较多患者的治疗，确定适应症，侦测药品禁忌、不良反应的发生情形，取得药物交互作用等资料。本试验经常为对照组试验，和安慰剂或者现阶段标准疗法进行比较。

4. 第四期人体试验

在前三期试验皆已通过，可承认新药的安全性与有效性之后，便可以进入第四期的临床试验阶段。该阶段是药物上市后的监控，对于药物不良反应实践进行长期的追踪。因为即使经过前三期的人体试验，由于受试者样本或者研究方法的限制，仍然可能有尚未发现的副作用或者不良反应，为了用药安全，需要对临床上使用此药物的大量患者继续进行长时间的观察。

（二）人体试验的特点

1. 风险难以预测

人体所用的医疗技术或方法，疗效和副作用都未经证实且无完全成功的把握，研究者只能凭借之前的动物试验或前期人体试验做出推断，因此，风险难以确定。如 2015 年~2016 年，在法国雷恩（Renne）执行新药 BIA-10-2474-FIH。该药物作用在中枢神经类大麻受体（endogenous cannabinoid receptors），可以调控食欲和痛觉等。在第二次计量调升阶段，第六组给予每日 50mg 药，连续 10 日。共 6 名健康受试者接受给药，之后均出现严重不良反应必须住院，其中 1 人在第 5 日给药后出现深部脑出血，隔日脑死亡。其余 4 人有长期神经损伤后遗症，事故原因至今仍不明确。但是其他药厂曾开发数个同类药品，并进入二期人体试验，没有发现类似的严重不良反应。[1] 事后的研究推测，该药可能有脱靶效应（off-target），且该药与受体的结合几近不可逆，可能因此衍生其他作用。[2]

2. 人体试验中不存在可以依赖的医疗经验

由于人体试验的主要目的不在于治疗疾病，而在于医学研究，因此，没有医疗经验可以遵循，试验计划是其最终的方向；即使在治疗性人体试验中，如果研究过程中发现对受试者较为不利的情况，研究者也不能不顾试验计划而给予其个别的医疗专业建议。而且，人体试验是以追求新知识为目的的，是因为有许多未知和不确定的问题需要解答，研究者也无法确切知道将面临什

---

〔1〕 Michael Eddleston, Adam F. Cohen &David J. Webb, "Implications of the BIA-102474-101 Study for Review of First-Into-Human Clinical Trials", *in British Journal of Clinical Pharmacology*, 582-586（2016）.

〔2〕 Annelot C. M. van Esbroeck, Antonius P. A. Janssen&Armand B. CognettaIII et al. , "Activity-Based Protein Profiling Reveals Off-Target Proteins of the FAAH Inhibitor BIA 10-2474", 356（6342）*Science*, 1084-1087（2017）.

么样的医疗风险，他所能掌握的只限于研究过程。例如，当药物与人体的受体结合是不可逆或维持长时间（irreversible or long lasting binding）时，那么其作用可能会有较高程度的不确定性。因此，在人体试验中，只有"研究专家"为受试者负担较为有限的照顾义务，而没有全心为人体试验受试者福利着想的"医疗专家"。

3. 通常无法对受试者提供可靠的利益

人体试验的目的在于增进医学知识，受试者的最佳利益不是试验考量的重点。在治疗性试验中，接受治疗者兼具人体试验受试者的身份，即使能够同时获得治疗，也未必是最佳的治疗方式。因为人体试验是以验证假说、追求新知为目的，无法合理期待试验行为成功地达到增进受试者健康的目的。而非治疗性试验中，受试者可能是健康的人，其在人体试验中除了承担生命健康受损的风险外，试验不会给他的身体健康带来任何益处。也就是说，人体试验中受试者个人的医疗利益必须妥协，受试者被要求容忍较高的风险。新药的作用机制（mode of action）如果有不确定之处，那么新药人体试验可能有较高的风险。

4. 研究者和受试者之间有利益冲突

人体试验是由发起人发起、由试验者设计并实施的，试验的目的也是验证发起人、试验者所关心的新药物、新方法、新器械的效果。在从设计试验方案、招募受试者到进行试验的整个过程中，发起人、试验者总是扮演主动的、控制性的角色，而受试者则处于被动的、易受控制和弱势的地位。同时，受试者在认知能力和水平上、经济地位上常常处于不利地位。因此，人体试验追求的医学技术的进步，往往是受试者承担风险或牺牲健康换来的，这两项价值和利益通常是不一致的，将保护受试者的责任交由研究者取舍是不适当的。也正因为双方的利益不一致，一个尊重自我决定权的研究者–受试者关系，就变得更为重要。[1] 即使在治疗性试验，受试者也必须承担不确定的风险，来满足研究者追求医学进步的目的。

（三）人体试验与常规医疗的区别

常规医疗是运用已经证实具有疗效和安全性的知识，完全以治疗疾病为目的的医疗行为。黄丁全认为，常规医疗或称"临床性的医疗"是指医疗方法或医疗技术，经动物或人体试验证实其疗效，而为医界所公认采行之医疗行为。[2] 而人体试验是发生在未知或未经科学证实的领域，主要以收集科学资料、发掘医学新知识为目的。对于治疗性人体试验的性质，有见解将人体试验和常规医疗放在同一光谱上，主张治疗性试验属于其中的中间类型。[3] 本书则主张，这一观点忽略了人体试验和常规医疗在本质上的不同，模糊了受试者需要的严格保护，特别是对参与治疗性试验中的受试者的保护。主张治疗性人体试验应当完全属于人体试验领域，因为治疗性人体试验的着眼点仍然是试验，是在收集科学资料的目的之外，附加了治疗疾病的功能。只有将其放在人体试验的制度下检视，才能够充分保障受试者的权益。常规医疗规范所设定的基本医患关系，在治疗性人体试验中往往无法适用，如研究者通常无法遵循不伤害的原则。

相对地，常规医疗的医生所实施的是经过证实具有疗效和安全性的医疗行为，医师执行业务的出发点必须是全心全意为患者的利益考虑。因此，医疗专业建议往往受到患者的信任和依赖，

---

[1]　Karine Morin, "The Standard of Disclosure in Human Subject Experimentation", 19 J. *Legal Med*, 157, at 215 (1998).

[2]　黄丁全：《医事法新论》，法律出版社2013年版，第27页。

[3]　Lars Noah, "Informed Consent and the Elusive Dichotomy Between Standard and Experimental Therapy", 28 Am. J. *L. & Med*, 361 (2002).

一些患者甚至抱着托付生命的心态，将医疗决定权交给具有专业知识的医生。有学者做过一项调研结果显示，约六成以上的患者和家属对治疗疾病的态度，是一种"托付式的顺从"。[1]

而且常规医疗中，医患双方的利益是一致的，医师有义务为患者谋求最佳利益，特殊情况下，医师甚至有权无需得到患者的同意，做出符合其最佳利益的医疗决定。因此，杨秀仪认为，美国法院发展出告知后同意原则的最终目的，并不是否定医疗父权，而是确保医师忠实履行其父权角色。也就是说，法院仍然认为医师知道的比患者多，比患者更适合做医疗决定，只是由于难以确认医师是否忠实考量患者的利益，因此，让医师公开其决策过程，给患者一个信任或否决的"参与权"，从而避免医师滥用权力。因此，常规医疗中的告知后同意原则，并非真的是给患者自我决定权，而是给予其参与权，以确保医疗行为是有利于患者的。[2]暂且不论该论点是否合理，至少它更加凸显了研究者-受试者关系和医患关系的差异。

而在人体试验中，如果是首次在人体使用的新药，还需告知受试者其他同类药品在人体试验时所发现的风险。新药第一期试验的主要目的就是探讨药品的安全性及安全剂量范围，试验的利益是借由获得医学新知对社会带来利益，并以此来合理化受试者必须承担的风险。但是试验本身对于受试者个人，大多是没有直接医疗利益的。因为新药第一期试验的目的原本就不是医治受试者，而且以比率来说，一期试验的药品最后只有十分之一能成功上市。[3]即便受试者参加试验时，幸运地使用了未来成功上市

---

〔1〕 张笠云：《医疗与社会：医疗社会学中的探索》，台湾巨流出版社 2009 年版，第 231~232 页。

〔2〕 杨秀仪："谁来同意？谁作决定？——从'告知后同意法则'谈病人自主权的理论与实际：美国经验之考察"，载《台湾法学会学报》1999 年第 20 期。

〔3〕 Ezekiel J. Emanul, "The Solution to Drug Prices", *New York Fimes*, September 9, 2015.

的新药，也可能只是尝试了单次给药，或者剂量不足，或者适应症不符合，而不足以获得医疗利益。所以，绝大多数的一期人体试验受试者并不会获得个人直接医疗利益（direct medical benefit）。这里所指的个人直接医疗利益是指对受试者的疾病有治疗上的益处，不包括因为参加试验而得到额外的检查或者免费的医疗。这也是需要向参与人体试验的受试者进行明确告知的，而不能明示或暗示受试者可能收益，以免造成其错误的期待。

因此，有必要对人体试验领域受试者自我决定权的保护规则单独加以探讨。

二、人体试验受试者自我决定权的概念及特征

"实验这个词在方法意义上最初是由自然科学确认的。在其古典形式上，这个词和无生命的对象有关，因此在道德上是中立的。但是，一旦有生命的、有感觉的生物成为试验对象，正如在生物科学，特别是在医学研究中，对知识的追求就失去这种纯粹性，伦理和道德的问题就出现了。人体作为试验的对象必然使这一问题更加尖锐，因为它触及了终极的人的神圣不可侵犯的问题。"[1]"人类实验，不论是为了什么目的，往往也是和主体之间进行一种负责任的、非实验的、真正合适的交往。"[2]知情同意是这种交往中不可或缺的基本原则，"无论是非自愿的参与还是误解的参与，对于受试者个人而言是没有道德含义的。在大多数情况中，自由地同意参与人体试验的满足，是唯一的能与实验过程中的风险与不适保持平衡的条件。这一道德含义不能通过事

---

〔1〕〔德〕汉斯·约纳斯：《技术、医学与伦理学：责任原理的实践》，张荣译，上海译文出版社2008年版，第82页。

〔2〕〔德〕汉斯·约纳斯：《技术、医学与伦理学：责任原理的实践》，张荣译，上海译文出版社2008年版，第84页。

后的解释来补足"。[1] 也就是说，人体试验中受试者享受自我决定的权利。"在社会体系的设计中，我们必须把人仅仅作为目的而绝不作为手段。"[2] "对试验角色的单纯形式上的'同意'还没有使这种物化真正伦理化。只有真正的、有充分理由的和认识的自愿才能纠正'物性'这一压制主体的状况。"[3] 正如以赛亚·柏林所言："我希望我的生活与决定取决于我自己，而不是取决于随便哪种外在的强制力。我希望成为我自己的而不是他人的意志活动的工具。我希望成为一个主体，而不是一个客体。"[4]

　　人体试验中受试者享有的自我决定权则是指人体试验受试者在医疗活动中，在要求医疗机构及其医务人员就自身所患疾病、医疗机构及医务人员本身的资质和医疗条件、治疗方案的内容、可能的后果等提供详细信息后，基于自己内心的真实意思表示，对于治疗方案的选择、自己身体和健康的处置做出自己决定的权利。它的含义应包括如下三个方面：其一，病人事先有权利要求被告知一切与医疗行为有关的信息，包括所进行的诊断、治疗、使用的药物等有无危险性或副作用、痛苦的程度、预期效果、对日后日常生活的影响、有无替代方案等。其二，病人因医生的说明而充分理解。其三，病人根据自己的价值观、人生目标等，自己为意思决定。[5]

〔1〕 Richard Delgado, Helen Leskovac, "Informed Consent in Human E perimentation: Bridging the Gap between Ethical Thought and Current Practice", *UCLA L. Rev*, 1986（34）, p.88.

〔2〕 [美]约翰·罗尔斯：《正义论》，何怀宏等译，中国社会科学出版社1988年版，第175页。

〔3〕 [德]汉斯·约纳斯：《技术、医学与伦理学：责任原理的实践》，张荣译，上海译文出版社2008年版，第84页。

〔4〕 [英]以赛亚·柏林：《自由论（修订版）》，胡传胜译，凤凰出版传媒集团、译林出版社2011年版，第180页。

〔5〕 黄丁全：《医事法》，中国政法大学出版社2003年版，第231页。

三、人体试验受试者自我决定权的立法现状

病人自主权的概念逐渐形成，其权利核心概念在于人体试验受试者身体的不可侵犯性及人体试验受试者的自我选择，告知后同意原则即为该权利所衍生的内容之一，病人自主权的极致表现在于安乐死的拒绝治疗。

（一）国际规范

1964 年世界医学大会在芬兰赫尔辛基通过了《关于以人体为对象的生物医学研究国际伦理指导原则》，一般简称为《赫尔辛基宣言》，成为迄今最为重要的人体试验的伦理规范。其中第 9 条规定："参与医学研究的医生有责任保护受试者的生命、健康、尊严、公正、自主决定权、隐私和个人信息。"类似的规定还有医学研究国际组织理事会（CIOMS）和世界卫生组织（WHO）共同制定的《涉及人的生物医学研究的各项国际伦理指南》（目前有效的为 2016 年版本）；人用药物登记技术要求国际协调会议（ICH）《优良临床试验指南》（目前有效的为 2016 年版）；联合国教科文组织《世界生物伦理与人权宣言》等。总的来说，人体试验受试者的自我决定权立法涉及以下几个问题：其一，关于受试者参与或者拒绝参与试验的机会或权利；其二，试验的性质、目的、风险和可能的收益；其三，受试者的隐私权和信息安全；其四，试验资金来源可能的利益冲突；其五，对于试验可能给受试者造成损害的救济安排；其六；受试者分享试验结果的可能性；其七，试验的伦理审查情况。

（二）各国立法

美国 1991 年通过《人体试验受试者自我决定法》（Patient

Self-Determination Act），将人体试验受试者的意愿立法规定放在优先地位，特别强调人体试验受试者的事先指引（Advance Directive），人体试验受试者就诊时须先填写何种医疗行为不欲实施（特别是指维生急救的医疗处置）及人体试验受试者陷入无法决定时由何人代理。实务中，美国联邦最高法院透过宪法修正案第14条正当法律程序，确立个人自主权的概念，于1976年In re Quinlan案中确认在能确保人体试验受试者意愿的情形下，如果人体试验受试者健康恢复可能逐渐减少时，病人决定权应大于州政府保护身体完整性的利益。[1]

1972年11月17日美国医院协会发表了全美国最有名的《病人权利宣言》（American Hospital Association Statement on A Patient's Bill Right），《病人权利宣言》列举了病人权利共12条，内容就包括了病人的自主权。其中提出：病人可以合理地期待，从医生处获得以可以理解的用语来说明诊断的结果、治疗的方式、预期后果等情报的权利；在治疗前有从医生处获得充分的说明和基于充分说明后同意的权利。[2]

美国还于1990年10月经立法机关通过，11月经总统承认而成立，并于1991年12月施行《联邦病人自己决定法案》（Federal Patient Self-Determination Act），对病人的自主权予以立法化。该法案规定所有的医疗行为只要对病人提供医疗上的协助，都必须提出一项书面信息，内容必须包括：对于医疗内容，包括接受或拒绝医疗和外科上的治疗，个人在州法律上有何种权利。并强调病人即使以后丧失行为能力，仍有权决定所有的医疗行为和外科手术。美国《医院法》也规定："病人在法律允许的范围内可拒绝治疗。当病人或其法定代表拒绝治疗而影响到按职业标准开

---

[1] In re Quinlan, 429U. S. 922（1976）.

[2] 黄丁全：《医事法》，中国政法大学出版社2003年版，第235页。

展合理医疗时，医院在合理地通过病人后，可以中止与病人的关系。"[1]

法国于 1974 年发表"病人宪章"，1979 年 EEC（European Economic Community）发表"人体试验受试者宪章"，都以病人的人权和自由为基调。医师总会 1981 年发表《里斯本宣言》，内容大多涉及病人的自主权。例如宣言中规定病人有自由选择医师的权利、病人有告知后同意的权利等。另外，法国还专门制定了《人体试验受试者权利保护法》。

日本病人权利宣言全国起草委员会于 1984 年 10 月提出病人权利宣言，基于维护病人人权，肯认了六大理念，其中就包括病人的自己决定权：病人在得到医疗从业者诚意之说明、协助后，有基于自己的自由意志，决定是否接受或拒绝检查、治疗或其他医疗行为。1991 年 9 月，由医师、护士、律师等组成了病人权利法促进会，其所发表的《病人权利法纲要》的内容也包括病人基于了解与自由意思，对于所受之医疗行为有同意、选择与拒绝之医疗自我决定权。[2]

加拿大魁北克省于 2013 年通过了《与试验有关的对民法典和其他法律进行修订的法案》，在其《魁北克民法典》第一编"人"中修订了第 20~22、24~25 条，对受试者人格完整性权利作出了具体的规定。[3]

我国 2020 年 6 月 1 日起实施的《中华人民共和国基本医疗卫生与健康促进法》（以下简称《基本医疗卫生与健康促进法》）第 32 条第 3 款规定："开展药物、医疗器械临床试验和

---

〔1〕　张敏智、朱凤寿编著：《病人权利概论》，大连出版社 2001 年，第 21 页。

〔2〕　张敏智、朱凤寿编著：《病人权利概论》，大连出版社 2001 年版，第 25 页。

〔3〕　满洪杰："关于受试者知情同意权的立法建议"，载《四川大学学报（哲学社会科学版）》2018 年第 3 期。

其他医学研究应当遵守医学伦理规范，依法通过伦理审查，取得知情同意。"开展临床试验和其他医学研究应当取得被试验或被研究者的知情同意，即对于参与人体试验受试者自我决定权的保护。2021 年 1 月 1 日起实施的《民法典》第 1008 条第 1 款规定："为研制新药、医疗器械或者发展新的预防和治疗方法，需要进行临床试验的，应当依法经相关主管部门批准并经伦理委员会审查同意，向受试者或者受试者的监护人告知试验目的、用途和可能产生的风险等详细情况，并经其书面同意。"本条中"临床试验"就是新药、医疗器械或者新预防和治疗方法对于人体开展的医疗试验，应当"经其书面同意"即是对于人体试验受试者自我决定权加以保护的规定。实际上，在此之前施行的原《民法总则》和原《民法通则》中也有对于临床试验中应当取得受试者书面同意的相关规定。

（三）特殊的人体试验受试者自我决定权的立法

1. 一般人体试验受试者特殊情况下的立法

通常情况下，要对人体进行新药、新器械或新技术的临床试验，必须首先取得受试者的同意，即满足其自我决定权的行使。不过也有法律规定特殊情况下可以在未征得受试者同意时便对其进行试验。如欧洲理事会《奥维多公约》附件议定书第 19 条指出："1. 法律应当确定是否以及在何种特殊保护性条件下，可以在下列紧急情况下进行试验：（1）处于无法表示同意状态的人；（2）由于情况紧迫，没有充分的时间取得在紧急情况下有权代表患者作出授权的代理人、有关机构或者主体的同意。2. 法律应当包括以下特殊条件：（1）类似效果的试验无法在不处于紧急情况下的人身上进行；（2）试验计划只有在其已经被有关主体根据紧急情况的特殊性批准的前提下方可进行；（3）试验者已知的患者任何拒绝接受试验的表示必须受到尊重；（4）如果试验不能为患者的健康带来任何直接的利益，其必须以实现对患者的状况、疾病或者不适科学理解的显著进步为目的，以为与患者同类型的人群或者遭受同样疾病不适或者受到同样状况困扰的人提供有益的帮助为结果，并且应当只包含有最小的风险和负担。3. 在紧急情况下接受试验的人，或者其代理人应被尽早告知其所参与试验的全部相关信息，应当尽可能地取得对继续参与试验的同意或者授权。"

2. 特殊受试者参与人体试验的立法

特殊受试者主要是缺乏同意能力者参与试验时的同意权。对于这种情况，比较法上存在"限制"和"风险收益评估"两种模式，不过两种模式的基本原理都是要尽量控制受试者参与试验的风险。首先，两种模式对于特殊受试者参与对其没有直接利益的试验都表示赞同，不过，在对受试者没有直接利益的试验中，"限制"模式的限制更为严格。《赫尔辛基宣言》第 28 条规定，只有在研究是为了促进该受试者的健康，同时研究又不能由具备知情同意能力的人代替参与，并且研究只可能使受试者承受最小风险和最小负担时才可以开展。美国 Common Rule 所采用的风险收益评估模式则相对宽松，该模式允许通过风险与收益的评估使风险不高于收益的试验得以进行。《魁北克民法典》第 21 条也规定，未成年人或者无同意能力的成年人只有在根据其健康状况和个人情况，研究的风险与可以合理预期的收益并非不成比例时，可以参与对其身体完整性有影响的试验。而在这两种模式中，《赫尔辛基宣言》第 29 条规定受试者的异议应当得到尊重。而奥维多公约附加议定书和美国 Common Rule 均采取了双重同意原则，即应当同时获得受试者监护人和受试者个人的意见。

四、人体试验受试者自我决定权伦理与法理的冲突与协调

尊重人的自由与争取人的最大利益之间的不同是生命伦理学中所存在的深刻的冲突，这一冲突可以被理解为允许与行善两个伦理学原则之间的冲突。基于这两个原则，人们在有关堕胎、遵从治疗或拒绝医疗等许多选择中感到的道德冲突可以得到理解。[1] 对于生命的尊重还需要社会道德作为基础，如果全社会在道德上都藐视生命，甚至鄙视生命，那么这个社会就不可能有正常的生命观，法律上的生命权也就得不到应有的尊重。[2]

在医疗领域，自己决定权与自主原则紧密相连，术语"自主"（autonomy）源于希腊词语"autos"（意指自己）与"nomos"（意指规则或法律），意味着医疗行为应符合自己决定权利。[3] 然而，知情同意原则要求给予个人自由选择和做决定的空间和权利，并让其作出自主和理性的决定和选择，在实际中会遇到一些障碍。一方面，人体试验受试者因多方面原因，可能无法作出理性决定。他们可能因为疾病导致身体和精神的虚弱，从而失去正常的判断能力；可能因为缺乏相关的医学知识和其他科学知识，没有办法作出合理的决定；也可能因为身处某种特殊的环境（医院）而无所适从，无法做出理性判断。现实生活中，每个人都有可能在某些情况下冲动、情绪化或优柔寡断，甚至可能失去本人常有的判断能力，从而做出错误的决定。而知情同意

---

〔1〕 ［美］H. T. 恩格尔哈特：《生命伦理学基础》，范瑞平译，北京大学出版社 2006 年版，第 103~104 页。

〔2〕 卓泽渊：《法的价值论》，法律出版社 2006 年版，第 249 页。

〔3〕 Austen Garwood Gowers, *Living Donor Organ Transplantation*: *Key Legal and Ethical Issues*, Ashgate: Dartmouth Publishing Company, 1999, p. 3.

要求医疗专业人员把人体试验受试者当作完全有自主能力的、通晓医疗常识的人,通过向人体试验受试者告知复杂的、专业的医疗措施,让人体试验受试者自己作出判断和决定,一定程度上弱化了医生保护人体试验受试者的责任与义务,知情同意逐渐"异化"为保护医生而非人体试验受试者的原则。另一方面,为了尊重人体试验受试者的自我决定权,医生会尽一切可能向人体试验受试者披露所有的信息,把知情同意的重点放在"告知"上。因此产生的结果是,医生不仅尽可能罗列出所有可预见的风险,甚至为了防止不可预见的风险出现,还单列出"其他风险"项,使知情同意书变得越来越长、内容越来越多与详尽细致。人体试验受试者根本不愿面对繁琐、冗长的知情同意书,实际上起不到对人体试验受试者的保护作用,充其量只能说是一种仪式。[1]

正因为自主性更多地强调器官人体试验受试者的独立、理性的决定与选择,实践中知情同意原则逐渐走向律法主义,成为医生以遵守法律来逃避伦理责任的借口。从某种意义上说,现有的尊重人体试验受试者自我决定权的模式更好地保护了医生而非人体试验受试者,并且使得医患关系由信任关系趋向于冷冰冰的合同关系。当医生依据各种法律规定承担告知的义务,他们履行义务不是为了和人体试验受试者进行交流,以便使得人体试验受试者真正了解自己的病情和可供选择的医疗方案,而仅仅是为了遵守规范的要求。医患双方不仅没有进入信任关系,反而更加相互防备和保留。知情同意也失去了对人体试验受试者的保护作用。[2] 过分强调自主决定,有可能会造成医生的主动性丧失,尤其当医生和人体试验受试者之间存在不同的观点时,医生有可能会牺牲控制疾病的能力与主动的劝说,会把决定当作是一个与己无关的事件……强调信息的完整性和准确性是为了满足法律的

---

[1] 朱伟:《生命伦理中的知情同意》,复旦大学出版社2009年版,第3~4页。
[2] 朱伟:《生命伦理中的知情同意》,复旦大学出版社2009年版,第8~9页。

要求，但却忽略了医患之间积极进行交流，而我们只关心法律对人体试验受试者的保护，忽略在知情同意观念中医生的责任，那么知情同意就难以达到它应有的效果和质量。[1] 在医疗实践中，人体试验受试者的自我决定权仍然停留在概念阶段，医生和人体试验受试者之间的信息掌握是极端不对等的。尽管根据法律规范的要求，在实施手术、特殊检查和特殊治疗时，需要医生履行告知义务，得到人体试验受试者真实理解后真实的意思表示，实际情况却往往只是用知情同意书的朗读和签署来应付。[2] 另外，与我国特有的传统文化相呼应，父权主义医患关系模式在我国仍占主导地位。知情同意过程简单化，即使是手术告知也往往是一种形式。这也有赖于法律对知情同意原则的力推和促进从而达到改变此种现状的效果。[3]

上述问题的出现，关键在于对人体试验受试者伦理自主性和法理自我决定权的尊重，被错误地当成医疗过程中人体试验受试者的最终目标。实际上，对人体试验受试者自主性和自我决定权的尊重，是为了更好地保护人体试验受试者的权益，而不是为了尊重而尊重。从医师决定的家长主义到保护个人自主决定的权利表明，家长主义不能更好地保护人体试验受试者，并不是因为家长主义的目的是侵害人体试验受试者利益。只有当个人能够进行选择，可以对自己的事务作出自由的决定时，才能更好地达到保护他们自身的目的。所以，从这个意义上说，尊重人及其自主性是知情同意的过程和手段，而不是达到的目的。尊重自己决定权的根本目的在于保护人体试验受试者。[4] 面对如此冲突，需要

〔1〕 王德彦："知情同意与人体试验"，载《自然辩证法通讯》2004年第1期。
〔2〕 陈树林、李凌江："知情同意中病人自主权和传统医疗父权的冲突"，载《医学与哲学》2003年第6期。
〔3〕 赵西巨："知情同意原则在医学侵权法中的个性存在和独特价值"，载倪正茂、刘长秋主编《生命法学论要》，黑龙江人民出版社2008年版，第83~84页。
〔4〕 朱伟：《生命伦理中的知情同意》，复旦大学出版社2009年版，第15页。

对法律问题领域和伦理问题领域加以综合考虑。由于目前医疗伦理建立在独立的原理之上，因此，如何解决法律问题领域和伦理问题领域不相一致的状况，是要面临的主要问题。要解决这一课题，必须对法律秩序加以承认，医疗伦理需要法律的保护和约束，同时把法律要件和医生职业伦理标准相联系，并对医疗伦理作出反馈。[1]

在医生处于强势地位的医学背景下，单方面强调人体试验受试者的自主性，会导致在法律上把重心放在医生的告知义务上。近年来的伦理准则越来越偏重于应该告知人体试验受试者尽可能详细的信息，而不是强调如何保护，因为到底告知多少是"适当"的、人体试验受试者是否在理解信息的基础上而同意的，是没法确定的，真正的、完全的、有效的同意就不可能获得。单纯通过强调自己决定权达不到真正的知情同意，反而不能确保他们的利益不受损害。知情同意就是医患双方的共同决策过程。因为只要求人体试验受试者的自我决定和医生的判断力，并不能在医疗决策过程中充分保护参与者。[2] 自主性不是个人的自我选择，而是强调医生和人体试验受试者彼此的义务和权利。这样，知情同意就不会被理解成一方告知，另一方同意的过程，而是一种互相交流的过程。[3] 双方共同参与，将其看作一个平等、合作的整体，而不是仅仅为法律关系的对立双方。英美等国的自己决定权是先有医学伦理上的自省、辩论与孕育，最后才上升为法律。

---

〔1〕 〔日〕植木哲：《医疗法律学》，冷罗生等译，法律出版社 2006 年版，第 3 页。

〔2〕 Jay Katz, *The Silent World of Doctor and Patient*, New York：The Free Press, A Division of Macmillan Inc., 1984, p.85. 转引自朱伟：《生命伦理中的知情同意》，复旦大学出版社 2009 年版，第 25 页。

〔3〕 Onora O'Neill, "Rethinking Informed Consent after Declaration of Helsinki", 2006 年 8 月在北京第八届世界生命伦理学大会上的发言。转引自朱伟：《生命伦理中的知情同意》，复旦大学出版社 2009 年版，第 15 页。

不同于英美的伦理反思促进法律实现的发展轨迹，我国有关自己决定权的规定是法律所规定的义务推动伦理改革。其间的差异在于伦理学和法律学两个领域性质不同。伦理学是应然（ought to be），强调的是个别的情境与关系；而法律学是必然（must be），强调的是普遍一致的原则与概念。这种单一性、一致性的法律思维忽略了实际的医疗互动的立体性和个别性。资讯固然重要，但同等重要的是接受资讯的人是否能够自由地依照该资讯做出决定。但是，由法律所发动的告知后同意却只能着重在资讯的内容、范围并加以规范。而医师若为了应付法律而执行告知后同意，自然会将告知后同意当成保护伞，告知越多，越能免于日后的医疗纠纷，这也是现在临床上有越来越多种类以及越来越长的说明书及同意书的原因所在，至于人体试验受试者是否理解、是否有作决定的能力，在所不问。当告知后同意流于形式，其对医师、人体试验受试者、病人及整个医疗环境都是不利的。

因而，自己决定权被批判为主张个人独立，不注重个人与社会的联系。事实上，这是对自己决定权的一种误解。现实社会中的人，独立而不应是孤立的，可以在个人独立的权利空间内为自己作决定和选择，而并不是脱离现实，而不受影响孤立地决定或选择。医疗实践中的个人的自我决定，就不是让人体试验受试者个人孤立地、不受影响地作出得不到任何支持的决定，也不会让他独自承担决定的责任。会通过交流使之做出是否选择和如何选择的决定，并且人体试验受试者有权选择是否由自己来作决定，或委托他人作决定。[1] 在医疗技术高度发展的今天，如果只强调人体试验受试者的权利，即使医生对人体试验受试者进行了充分说明，其要正确地理解并果断做出决定并非易事。

---

[1] 朱伟：《生命伦理中的知情同意》，复旦大学出版社2009年版，第120页。

第三节　人体试验受试者自我决定权和知情同意原则

一、人体试验受试者自我决定权和知情同意原则的关系

（一）知情同意原则的一般理论

早期的医患关系是一种以医师为中心的"医疗父权"（Medical paternalism）模式，也就是医师和人体试验受试者的关系类似于父亲与子女，关于医疗内容的决定与执行，都是由医师命令、人体试验受试者遵循。[1] 因为当时普遍认为医师具有专业知识，能为人体试验受试者做出最好的决定，而且救人是医师的天职，医师所做的决定必定是以人体试验受试者的利益为主要考虑。然而，随着医学科技的发展，医疗行为态样日趋多样复杂，医疗父权体系的理论也逐渐受到怀疑，这种传统的医疗模式是以疾病为中心，注重疾病的照顾，以医师为主导，比较忽视病人的生命尊严和自我决定权；而现代的医疗模式强调以病人为中心，注重病人身心的照顾，强调尊重人体试验受试者的自我决定权利。而法律界也认为人性尊严是宪法的基本价值，人性尊严的中心思想在于人的自我决定，人不应该被当作客体。在医患关系中病人不应只是医疗的客体，也不因疾病而丧失人性尊严保障下的自我决定权，但是人体试验受试者对医疗行为的自主决定并非任意或盲目的，所以为了保障自主决定这一抽象的人格权，即要求医师必须在病人作决定前提供充足的医疗资讯，因此发展出医师有说明的

---

[1]　卢美秀：《医疗伦理学》，五南图书出版有限公司 2005 年版，第 38 页。

义务，以维护人体试验受试者的自我决定权。

其所揭示的有关医师说明义务，常被强调的是要求医师将医疗行为的风险，诸如并发症、副作用、死亡率等告知人体试验受试者，给人体试验受试者提供信息以让其选择是否接受该风险，但这样做的目的也在于避免侵害人体试验受试者的自我决定权。[1]

（二）知情同意原则的学说

在知情同意原则的各种学说中，最主要的区别就是说明的范围。英美法上对于说明义务的范围有四种标准：

1. 理性医师说

持有本观点者认为医师的说明范围标准取决于"一般医师"，而病人所希望被告知的医疗资讯却可能并不被医师说明，甚至一些少见的并发症，不仅病人不知道其可能发生，医师也因为发生的概率较低而没有进一步予以强调。

2. 理性病人说

持有本观点者认为医师说明范围的标准取决于"一般病人"。美国法院将其判决标准建立在"医疗资讯告知"上，却没有界定医师应当使用何种标准来告知病人。理性医师标准及理性病人标准如今被应用在美国司法实务上，其中理性医师说稍微占优势，但是理性病人标准也已经逐渐普及，并且逐渐被法院所采用。日本便倾向于从理性医师说向理性病人说移转。

3. 具体病人说

该标准也可被称为"病人本位标准"，持本学说者认为医师说明范围的标准取决于"作出承诺的病人本人"。但是在医疗实务上，医师很难掌握每位病人的特性和主观感受，可能造成医师

---

[1] 侯英泠："论消保法上医师之安全说明义务"，载《台湾本土法学杂志》2002 年第 37 期。

过度沉重、不当的负担，所以司法中采用该标准的判决不多。

4. 折中说

折中说是对上述三种学说的综合，即从一般理性医师（或理性病人）的角度出发，认为凡是被当作治疗对象的具体病人在自我决定之际所认为重要且必要的事项，医师都应当予以说明。[1]

（三）作为知情同意权前身与发展的人体试验受试者自我决定权

人体试验受试者自我决定权是指人体试验受试者对于医师可能采取的医疗行为，拥有最终的决定权，不受他人的支配和控制，由此可见，人体试验受试者自主权所彰显的意义在于，人体试验受试者在医患关系中，是具有意思决定自由的主体，而非客体。因此人体试验受试者自我决定权的医学伦理理论基础，应认为属于尊重自主原则。针对所谓尊重个人自主权的阐述，最清楚的莫过于英国学者柏林（Isaiah Berlin），他说："我希望遵循自己的意志而生活与决定，不受外力的干预。我希望可以掌握自我而不受他人意志的干扰。我希望我是一个主体而非客体的存在。我之所以行为纯粹是基于自己的意志，而不是受外来因素的支配。我希望自己是一个具有自我决定权的主体，而非受外界控制或受任何人操控的客体。"[2]

实际上，"告知说明与同意"法则的理论发展并不久。1947年，《纽伦堡规则》提出"同意的合法性"指的其实是人体试验的基本原则；1964年《赫尔辛基宣言》提出人体试验时，须说明已经得到同意，此时期所着重的是"人体试验"必须获得受

---

〔1〕 林萍章："新时代的告知说明与同意：突变与进化"，载《月旦医事法报告》2020年第41期。

〔2〕 Malcolm de Roubaix, "Are There Limits to Respect for Autonomy in Bioethics", 27 MED. &L. 365, 365（2008）.

试者的同意才可以进行。一直到 1981 年的《里斯本宣言》才确认所有的病人在受到充分说明后，有接受或拒绝治疗的权利。告知后同意原则的基本精神正如美国大法官卡多佐（Benjamin Cardozo）于 1914 年所说："每一个心智健全的成年人都有权利决定其身体要接受何种处置。"[1] 在 1965 年的 Griswold v. Connecticut 案中，自主决定被解释为"宪法所保障的隐私权范围"；之后，病人的自主决定权即被解释为隐私权的范围，而受宪法保护。[2] 因此，知情同意原则（告知后同意）是人体试验受试者自我决定权的体现。

告知后同意原则可以被理解为医师负有的一种义务，他应当主动以患者或人体试验受试者能理解的语言，说明可能进行的医疗处置及其相关事项，使患者或人体试验受试者得以了解，并通过这些信息的提供，协助患者或人体试验受试者做出符合其生活形态和愿望的判断与决定。所以，告知后同意原则其实是一个由医师进行说明，患者或人体试验受试者加以理解，接着共同作出决定的互动过程。[3] 由此可见，告知后同意原则主要包括告知和同意两个部分，在告知的部分，其内涵在于医师的自律性，医师向人体试验受试者说明相关的医疗资讯时，应该尽可能地采取中立详实的态度，不应作出诱导或偏颇的叙述，从而影响人体试验受试者的意思决定；而在同意部分，重点在于人体试验受试者的自主性，也就是人体试验受试者必须在自由意志的状态下，不受他人的干涉，为自己作出个人希望的决定。

进一步来说，由于医师或医疗机构提供特殊的医疗技能、知

---

〔1〕 Douglas A. Grimm, "Informed Consent for All! No Exceptions", 37 *New Mexico Law Review Winter* 39, 39 (2007).

〔2〕 王皇玉："医疗行为于刑法上之评价——以患者之自我决定权为中心"，台湾大学法律研究所 1994 年硕士学位论文。

〔3〕 杨秀仪："告知后同意法则之司法实务发展"，载《台湾法学杂志》2005 年第 73 期。

识、技术与人体试验受试者订立契约，为之诊治疾病。医疗契约的性质为何，学说和实务见解通常认为属于委任合同或近似于委任合同的非典型契约，因此，人体试验受试者与医疗机构之间均成立委任契约。医疗机构分析疾病的临床及病理诊断结果并将其告知人体试验受试者，以便人体试验受试者了解其所患疾病的态样及可能的治疗方式。这不仅是医患关系中医师的主要义务，也是人体试验受试者自我决定权的重要内涵。

二、人体试验受试者自我决定权的时间轴

在人体试验中，告知后同意原则实质上是试验实施者进行说明，受试者进行理解，然后共同作出决定的连续互动的过程。这一过程包括"告知"和"同意"两个阶段，本文主要借助一般医疗过程对其加以说明。随着精准医疗的发展，该种医疗方式对于知情同意原则产生了较为严重的影响，使得患者难以充分"知情"，进而作出真正的自我决定。知情同意应当是一个始于知情终于授权的过程，美国生命伦理学家汤姆·L. 比彻姆和詹姆斯·F. 邱卓思提出的该原则的七大要素：①（理解和决策）能力；②自愿（作出决定）；③披露（实质信息）；④推荐（具体方案）；⑤理解（是指信息和具体方案）；⑥决定（赞成某个方案）；⑦授权（所选择的方案）。[1]

"告知"从何时开始，以及告知的内容有哪些，有学者提出现实中的"知情"其实并非"从患者充分披露知情同意书的内容开始"，而是在此之前由要素 3（医生和患者双方参与的诊断以及患者对于为什么要采取某种医疗以及某种医疗措施的知情）、要素 4（医生推荐某些医疗方案）和要素 6（最终决定某个医疗

---

〔1〕 Beauchamp T L., James J. F., *Principles of Biomedical Ethics* (7th edition), New York：Oxford University Press, 2013, p. 124.

方案）。在这个过程中，患者也体现出了很大的自主性，可能会以质疑或表达自己的意见的方式参与到"知情"的过程中，而不仅仅是被动地赞成或拒绝医生最终提出的医疗方案。而当整体方案确定后，患者需要签署知情同意书，至此，才是知情同意的最后一个要素7（授权环节）。[1]

本书赞同该观点，"告知"阶段，医师应当提前向人体试验受试者说明相关的医疗资讯，而知情同意书的签订其实是对被"告知"内容的确认。在精准医疗的时代，医师应当为每一位受试者提供"量身打造"的疾病预防、筛查、诊断、治疗和康复计划。医疗选项的说明应该更加巨细靡遗地陈列给人体试验受试者进行选择，并且要区分最佳方案、次佳方案、替代方案、保守方案等，这属于人体试验受试者自我决定能力的内在强化；"同意"阶段，重点在于发挥人体试验受试者的"自主性"，也就是人体试验受试者在自由意志的状态下，不受他人的干涉，为自己作出个人希望的决定，是人体试验受试者自我决定能力的外在实现。贯穿两个阶段的，还有知情的范围、医师告知义务的判断、人体试验受试者自我决定的能力、同意的内容和方式、特殊群体人体试验受试者的自我决定、同意的例外、同意权的放弃等，需要法律经过利益的衡量进行合理的规范。

三、I 期人体试验中知情同意与自我决定的特殊要求

新药或者新的医疗技术必须经过人体试验，而且三期试验结果均显示对人体的利益远大于弊端才能应用在临床实践中。相较于 II、III 期临床试验，I 期临床试验通常需要在一个时间段内同时观察多名受试者，因此受试者也多采用分批招募和筛选，集中

---

[1] 庞聪、王国豫："精准医疗背景下的知情同意：困境与反思"，载《中国医学伦理学》2021 年第 2 期。

获取知情的方式。这和情况下可能存在的伦理问题有：集中获取新药或新的医疗技术的信息，可能使在场的受试者有从众心理，不能独立思考；忽略了给予受试者充分的知情同意考虑时间，受试者很难在短时间内认真全面地阅读并理解知情同意书的主要内容。但是要求研究者对每一位参加筛选的受试者进行一对一的告知后并取得其同意又较难实现。因此，为了更好地解决集中知情存在告知不完全的问题，可以考虑采取"互联网+"的方式进行知情告知，即在试验筛选前利用网络平台（微信或网站）对受试者进行研究过程信息介绍。研究者可将知情同意书的解释性文本制作成音频或视频进行播放，受试者自行登录网站或公众号阅读并了解研究信息，研究者就受试者提出的疑问与之进行线上交流，在受试者的所有疑问解决后，可筛选当日双方共同签署知情同意书面文件。如果机构已建立了受试者数据库，建议可在依从性较好的既往受试者人群中进行选择，这类受试者往往能更好地理解研究信息和流程，配合研究者完成全部临床试验；研究者也可组织一定数量的受试者集中知情告知，告知时由 2~3 位研究者同时分组进行，知情后给予受试者一定的时间进行询问并解答，如果仍有需要考虑的可将知情同意书带回家，筛选时双方再正式签署。在签署知情同意时研究者应留存 24 小时可联系到医护人员的联系方式，以保证受试者发生安全性事件后可以第一时间联系到医护人员，并获得及时的救治处理。

（一）权衡人体实验的风险受益比

I 期临床试验中研究者必须在权衡试验的风险受益比后，对可能的风险进行控制。首先，研究者应仔细阅读临床前资料，同时结合文献检索全面了解药物背景和安全性信息，在制订方案时，针对可能的安全性问题进行实验室检查或增加检查的频次，并设计足够长的随访期；其次，对于初始剂量的计算、剂量递增方案以及最大剂量的确定也应有充分的依据，并通过多种方法计算，谨慎选择；再其次，对于中止试验标准也应充分考虑受试者的安全性，尽量避免受试者暴露于更大的已知风险之中，必要时制定切实的应急预案；最后，研究者应将试验相关的信息全面告知受试者，不得隐瞒安全性问题，不利诱，不胁迫，使受试者在完全自主意愿的基础上对是否参加临床试验作出选择。伦理委员会是保护受试者权益和安全的重要主体之一，对Ⅰ期研究项目进行初始审查时，应关注研究的风险受益比，全面审查方案、知情同意书。

在伦理委员会审查指南中可以单设章节，细化Ⅰ期的研究审查点，如研究设计是否规避了风险；设计时是否已采取风险最小化措施；是否有切实的应急预案；研究者是否综合整理药物制剂、临床前研究安全性信息，结合文献检索信息，识别试验药物的潜在风险影响因素，为试验方案设计的风险控制措施提供合理的依据；研究者是否已考虑既往研究结果，合理地制定受试者选择标准、初始剂量、剂量递增方案、最大剂量、中止标准、不良事件报告等。[1] 同时，伦理委员会还应关注Ⅰ期试验方案的样本量计算依据、采血点设计科学合理性、应急预案及急救措施等细节。在审查知情同意书时除了对告知信息的真实性、完整性、语言通俗性等作客观评估外，更应关注是否明确告知可能涉及的风险、受益，对于所提供的补偿金额、种类或数量的语言是否存在诱惑，是否尊重受试者的自主意愿。伦理委员会还应注意：研究者是否考虑了在试验进程中因不断获得的安全性信息进行方案修订和调整的可能，并针对试验中的潜在风险制定风险控制预案。

---

[1] 欧洲药品监管局（European Medicines Agency，EMA）：《识别和降低研究用新药在首次人体临床试验中风险的策略指导原则（2010）》，载 http://www.cde.org.cn/guide.do? method=showGuide&id=321，最后访问日期：2021 年 8 月 10 日。

全程跟踪、切实监管，即使在研究设计时采取了风险最小化的措施，研究进程中受试者仍难以避免风险，应该采取降低风险程度的措施。研究者应在试验全过程中严密观察受试者的安全性问题，如出现严重安全性问题应向伦理委员会报告；如果安全性问题导致方案和知情同意书的修订，应再次获得伦理委员会的批准。伦理委员会在伦理审查的不同阶段应有不同的关注重点。伦理初始审查方案时，应充分参考临床前实验资料，在对药物的毒理、药理学信息充分了解的基础上，依据Ⅰ期临床试验涉及的风险决定跟踪审查的频次，必要时可以半年跟踪审查一次或更短的时间。

（二）人体试验中不良事件的处理

在研究进程中出现了非预期的不良事件或重要的事件，研究人员和伦理委员会应当予以足够的重视。只有研究者和伦理委员会对重要的不良事件或非预期的事件/严重不良事件足够重视，并采取积极措施，才能将受试者的损害或不适降到最低限度。如某拟用于治疗血管性痴呆片剂，在Ⅰ期耐受性临床试验中，发现服药后少数受试者出现尿N-乙酰-β-D-葡萄糖苷酶（NAG）升高，虽然受试者的肝肾功能、尿常规及镜检均未出现异常，同时受试者也并未感到任何不适，研究者仍报送伦理委员会，并邀请专家进行讨论，专家一致认为该药物可能导致肾小管损伤。伦理委员会在接到该不良事件报告后，及时组织了会议。研究者与伦理委员会都共同努力，提高警惕、随时应对。

对于Ⅰ期临床试验健康受试者，研究者应秉持"严谨设计，充分尊重，加强保护意识"的理念，切实采取措施保护受试者的生命健康权、隐私权、知情同意权以及补偿和赔偿权；伦理委员会应秉持"严格审查，全程跟踪"的监管理念，在临床试验的整个过程中全面权衡受试者的风险受益比，只有二者合作才能将受试者保护落到实处。

第三章　人体试验受试者自我决定权的内容体系

随着思想的转变，现今一致认为，病人的意愿为最高法则，病人不应为医师理性高权之客体，而应为治疗之主体。民法对人体试验受试者自我决定权这一法律人格权的保护不仅是民法尊重人权、彰显人文精神、追求社会正义与和谐的必然要求，也是民法完善法律人格权制度的重要内容。美国著名学者路易斯·亨金在《权利的时代》一书前言中说："我们的时代是权利的时代。人权是我们时代的观念，是已经得到普遍接受的唯一的政治与道德观念。"[1] 人权具有道德权利的性质，是个必然性的概念，人权追求人作为人的尊严及人与人之间的抽象的平等。罗尔斯认为，"社会的每一成员都被认为是具有一种基于正义，或者说基于自然权利的不可侵犯性，这种不可侵犯性甚至是任何别人的福利都不可逾越的。正义否认使一些人享受较大利益而剥夺另一些人的自由是正当的。把不同的人当作一个人来计算他们的得失的方式是被排除的。因此，在一个正义的社会里，基本自由被看作理所当然。由正义保障的权利不受制于政治的交易或社会利益的权衡"。[2]

自我决定权是一个不断发展的人格权，其内容体系也应当是

<hr>

〔1〕　[美] L. 亨金：《权利的时代》，信春鹰等译，知识出版社 1997 年版，"前言"。

〔2〕　[美] 约翰·罗尔斯：《正义论》，何怀宏等译，中国社会科学出版社 1988 年版，第 27 页。

一个开放的结构。杨立新主张，自我决定权现阶段主要是对生命、健康、身体和姓名的自我决定。[1] 就人体试验受试者自我决定权而言，仅仅是对这四项人格要素的自我决定显然不足以实现对人体试验受试者权利的有效保护。而且，一般人都同意一个具有充分认识、识别能力的成年人拥有自我决定权，需要讨论的是，一个丧失或仅具有较低心智能力的人（例如阿兹海默症人体试验受试者，俗称老年痴呆症人体试验受试者）或者未成年人体试验受试者，是否仍然为自我决定权的主体且任何人都必须尊重其所做的决定。因此，人体试验受试者自我决定权的内容体系中，必须对该权利的主体范畴加以界定，然后，再对权利的具体内容进行分析。

第一节　人体试验受试者自我决定权的具体内容

　　人体试验受试者自我决定权的内容在一定层面上和普通患者自我决定权的内容是一致的，不过，也有一定的区别。总的来说，人体试验受试者自我决定权主要有对侵入性医疗行为的同意权、对医师要求信息说明的权利、选择试验方案的权利、随时拒绝接受试验的权利。

一、对侵入性医疗行为的同意权

　　一般而言，没有本人同意而侵入他人身体的行为，原则上是违法的。即使属于医学上正当的医疗行为，医师也不能在没有人体试验受试者同意的情况下进行侵入性的医疗行为。人体试验受

────────

　　[1]　杨立新、刘召成："论作为抽象人格权的自我决定权"，载《学海》2010年第5期。

试者在自我决定权行使下表示同意，医疗行为才构成侵入人体试验受试者身体的合法要件。这也被认为是告知后同意（Informed Consent）的法理。医师在治疗时，对于人体试验受试者说明其罹患疾病的内容、计划的治疗方法、伴随的医疗风险、期待的治疗效果等，必须得到人体试验受试者的同意。在实施医疗行为时，需要人体试验受试者的同意要件，在日本判例上也早就被承认。[1]

关于侵入性医疗行为同意权，被视为保护对象的有生命法益、身体法益。对于作为身体侵入的合法要件的同意的问题是，关系到生命、身体利益的同意在民法、刑法上是融入人体试验受试者的自我决定权中。

二、要求医师说明的权利

即便人体试验受试者根据自己真实的意思表示了同意，但是，如果没有医师的说明作为人体试验受试者判断的基础，仍然应当认为是不合适的。对于人体试验受试者来说，行使自我决定权的大前提，就是有向医师要求获得充分且合适的医疗信息的权利。对医师来说，被强调负有为了实质上保障这个权利的说明义务。也就是说，医师在进行医疗行为前，有义务先说明人体试验受试者的病症，提出医疗行为的目的、内容与期待的效果、预测的风险、其他的治疗方案，以及如果不治疗可能出现的结果。

人体试验受试者的同意不是单纯的同意，必须是根据告知后同意原则，因此，医师的告知说明义务也变成了从"人体试验受试者的自我决定权"而来。关于这一点，损害赔偿请求控诉事件

---

〔1〕 秋田地方裁判所大曲支部昭和45年（ワ）第104号（舌头部分切除损害赔偿请求事件，昭和48年3月27日）。LexisNexis JP, http：//www. lexisasone. jp. autorpa. lib. ccu. edu. tw/home/Index. aspx，最后访问日期：2010年6月2日。

中高松高等裁判所的判决是："（药物）就算副作用的发生率极低，那个副作用会有招来重大结果的危险性，投药的必要性和副作用带来的危险性事先应和人体试验受试者说明……说明药物使用的危险性、投药的必要性被认为是自人体试验受试者的自我决定权由来的说明义务的内容。"[1]

向医师要求说明的权利，如着重在身体侵入的违法性阻却事由说明义务上，其射程范围似乎应当包含生命、身体利益的保护，只是如果着重在尊重人体试验受试者自我决定的说明义务，那么将涵盖到自我决定本身人格利益的保护。将此种"自己决定的法益"的人体试验受试者同意权作为基础的判例认为，"从自己决定权由来的人体试验受试者的同意是，自己的生活方式是自己能决定的"[2]。

三、选择试验方法的权利

对于人体试验受试者的症状有多种的治疗方法的情况，原则上，可以根据人体试验受试者自己的意思来选择治疗方法。以行使对医师要求说明权而得到的关于身体治疗的信息为基础，人体试验受试者拥有选择主体医疗的"治疗的选择权"。可以选择治疗方法的权利的保护内容是，对自己决定本身的人格利益，包含了是否有必要规制基于本人的自我决定之私人的行为（特别是个人的生存方法的选择）的原则。基于关于人体试验受试者的身体和治疗的信息，选择主体的治疗方法的治疗选择权，也连接到人

---

〔1〕 高松高等裁判所平成7年（ネ）第106号（药物使用损害赔偿请求控诉事件，平成8年2月27日）。LexisNexis JP，http：//www.lexisasone.jp.autorpa.lib.ccu.edu.tw/home/Index.asp，最后访问日期：2011年2月20日。

〔2〕 东京高等裁判所平成12年（ネ）第3379号（下部胸部腹部大动脉置换术赔偿请求控诉事件，平成13年7月18日）。LexisNexis JP，http：//www.lexis-asone.jp.autorpa.lib.ccu.edu.tw/home/Index.asp，最后访问日期：2011年2月21日。

体试验受试者的生存方法的自我决定权。跟这一点有关联的是，在人体试验受试者的选择和医师的治疗方案不一致的情况下，特别是，那是有侵害关于自己的生活方式的自我决定权可能性的时候。这个生存方法的自我决定权是决定主体自己的生存方式，也是人体试验受试者的生存方式的自我决定权。[1] 应当注意的是，即使人体试验受试者选择的治疗在医学上是不合适的，会对人体试验受试者的生命品质有重大影响，医师的裁量权也会被人体试验受试者的治疗选择权所限制。

基于人体试验受试者同意而产生的生活方式的自我决定权的判例，如1998年2月9日日本东京高等裁判所作出的判决："各个人所有的自己的人生的生存方式，或是承认有什么比生命更优越的价值是自己能决定的。"在该判决中，就算有与生命的丧失连接在一起的自我决定权，在非常被限制的条件下，明示了是有被尊重的情况。[2]

四、随时拒绝接受试验的权利

根据当前国际和国内伦理审查的标准，伦理审查委员会除了对研究项目开展初始审查外，还应当在人体试验的过程中依据相应的规范、标准和方式进行审查、监督和评价，进行相应的跟踪审查。不过，当前我国的人体试验知情同意伦理审查中，跟踪审查还没有真正落到实处。实际上，由于医学的复杂性和专业性，人体试验的过程中可能会进行一定的修正或变更，对于这种变更

---

〔1〕 〔日〕葛生荣二郎、河见诚：《新版命の法と伦理》，法律文化社2000年版，第129页。

〔2〕 东京高等裁判所平成9年（ネ）第1343号（"エホバの证人"赔偿请求控诉事件，平成10年2月9日）。LexisNexis JP，http：//www. lexis-asone. jp. autorpa. lib. ccu. edu. tw/home/Index. aspx，最后访问日期：2011年3月2日。

应当及时地告知受试者，以保障其随时选择是否接受下一步的实验的权利。

《欧洲议会和欧盟理事会关于任用药物临床试验的法规》第 31 条就明确规定，"如果已经获得受试者法定代理人的知情同意，可以将这个同意视为受试者的假定意愿，但是试验期间研究者必须及时评估受试者是否有能力进行知情同意并确认其参与试验的意愿，受试者可以在任何时间撤回知情同意而不损害受试者的利益"。[1]

需要说明的是，人体试验受试者做出自我决定后，应当承担选择的风险，即使选择的结果失败，在医师没有过失的情况下，人体试验受试者应当为自己的决定负责，不能将选择失败的责任转嫁给他人。在这样的前提下，法律就必须赋予医生和人体试验受试者之间相对的权利和义务。医师必须对人体试验受试者提供有关治疗上正确且充分的信息，并且以人体试验受试者能够理解的方式慎重、详细地说明，排除人体试验受试者心理的压迫、禁止不当的劝诱，以确保人体试验受试者能够在自由选择的环境中做出最好的决定。也就是说，知情同意原则是人体试验受试者自我决定权实践的重要前提。不过，由于该原则及医师的告知义务现有研究已经相当深入，本文不再深入探讨。

第二节　人体试验受试者自我决定能力的判断

人体试验受试者行使自我决定权，原则上必须是在人体试验受试者有清醒意识与判断能力的时候所为，始属有效的同意，[2]

---

〔1〕 林昕、周欣："临床试验中无意识受试者知情同意权的探析"，载《中国医学伦理学》2018 年第 11 期。

〔2〕 王皇玉："强制治疗与紧急避难"，载《月旦法学杂志》2007 年第 151 期。

且为了实现有效的同意，必须由有决定能力的法益主体，基于真意自由地同意。在医疗过程中，如果一个人可以了解相关医疗程序，并且可以仔细考虑该医疗程序的主要风险及利益，然后基于这些考量做出决定，则其通常会被认为具有决定能力；反之，如果一个人缺乏此种认知能力，则他的决定——无论同意或拒绝，其有效性都将遭到质疑。[1]

一、人体试验受试者自我决定能力的判断标准

判断人体试验受试者是否具备决定能力的标准，有行为能力说和认识能力说，以及英美法上"成熟的未成年人"原则。

（一）行为能力说

我国立法和司法实践均采取此观点。早在原《民法通则》中就将精神障碍人体试验受试者划分为无民事行为能力人和限制民事行为能力人，2012 年出台、2018 年修正的《中华人民共和国精神卫生法》贯彻了以行为能力为基础的自我决定能力的主张。该法第 30 条规定了精神障碍人体试验受试者自愿入院治疗的原则，附则[2]中对可以非自愿入院的"严重精神障碍"进行了解释，使用了"对自身健康状况或者客观现实不能完整认识，或者不能处理自身事务的精神障碍"的表述。根据文本解释的方法，"对自身健康状况或者客观现实不能完整认识"，包括"完全不能认识"和"只是认识不完整，但是仍然有部分认识能力"

---

[1]　Tom L. Beauchamp & James F. Childress, *Principles of Biomedical Ethics*, 72 Oxford University Press, 5th ed., 2001.

[2]　《中华人民共和国精神卫生法》第 83 条第 2 款规定："本法所称严重精神障碍，是指疾病症状严重，导致患者社会适应等功能严重损害、对自身健康状况或者客观现实不能完整认识，或者不能处理自身事务的精神障碍。"

两种类型，这无疑是套用了民事行为能力制度对精神障碍人体试验受试者的分类标准。2017 年起实施的原《民法总则》和 2021 年起实施的《民法典》均延续了原《民法通则》的相关规定。

对此，不少学者虽然认同行为能力说，但主张应当修订民事行为能力制度。如李霞认为，现有成年人行为能力欠缺制度不能准确地包括精神病人的各种样态，没有实现保护精神病人的制度初衷。提出取消无行为能力，在限制行为能力中以意思能力残余程度为标准再类型化，并设立与之相适应的监护人、保佐人、辅助人予以能力补充。[1]

（二）认识能力说

美国学者主张，成年精神障碍人体试验受试者的医疗决策能力是一个连续的概念，而不是全有或全无的现象。[2] 一些法规也将决策能力定义为，人体试验受试者拥有的尽管不完整，但是能理解和欣赏建议的医疗后果，沟通对他们的偏好进行选择的能力。[3] 实践中，病人之间能力和无能力的波动不能否认其做出医疗决定，包括接受维持生命的医疗护理的机会。[4] 英国习惯

---

〔1〕 李霞："论我国成年人民事行为能力欠缺法律制度重构"，载《政治与法律》2008 年第 9 期。

〔2〕 William M. Altman et al. , "Autonomy, Competence, and Informed Consent in Long Term Care: Legal and Psychological Perspectives", 37 *Vill. L. Rev.* 1671, 1678 (1992).

〔3〕 See Idaho Code, 39-4302 (1998). ("Any person of ordinary intelligence and awareness sufficient for him or her generally to comprehend the need for, the nature of and the significant risks. . . is competent to consent. . . ")

〔4〕 See In re Quakenbush, 383 A. 2d 785 (1978) . The case involved a seventy-two years old recluse whose gangrenous leg would have had to be amputated to avoid a certain death within three weeks. He was belligerent and an objector to medical care for forty years. In deciding the competency issue, the court relied on two psychiatrists and a visit by the judge. The court held that the patient was capable of exercising informed consent to have the operation on his leg.

法上"推定有能力原则"维持在制定法上的特定规定，这是基于对于本人必要范围内最小干预的法理基础。对于个人医疗决策能力的判定，主张应该由机能性判定法加以判定。这是以人的能力的可变性为前提，在特定意思决定的时点上，将判定的焦点放在本人个人的能力与本人主观意思决定过程上，判断本人是否能够理解自己意思决定所产生的结果，是否能够向他人传达自己的决定。

20世纪末，德国在《成年监护法》修订的过程中，精神医学学者Werner Mende提出新的能力概念。应该了解人的自己决定能力的相对性，如精神障碍人体试验受试者完全丧失自己决定能力是少见的，反之，精神正常者自己决定的可能性也或多或少受到限制。因此，成年精神障碍人体试验受试者法律保护范围的决定与特定医学上的疾病概念必须相连接。德国《成年监护法》已不采用概括性的能力限制，而是配合被监护人的需要给予保障支援，而被监护人的能力则是本人实际上无法处理自己事务的程度，进而个别具体地掌握。[1]

我国学者中，认为行为能力说无法实现对精神障碍人体试验受试者等认知能力有缺陷者保护的逐渐增多。孙建江认为，民法不应全面限制行为能力欠缺成年人行使自主决定的权利，而应采个案审理制度确定其行为的效力。[2] 焦少林也提出，我国可借鉴法、德等国的立法经验，将现行的成年人欠缺行为能力宣告制度改为具有中国特色的个案审查制度。个案审查制度在为欠缺行为能力成年人设立监护人、辅助人予以保护的同时，不全面剥夺其行为能力，只要其具有辨认自己行为的能力便能依自己的意愿进行相应的民事行为。利害关系人如果认为该民事行为因行为人

---

〔1〕 〔日〕新井诚：《成年后见法 依托法》，有斐阁2005年版，第31~34页。

〔2〕 孙建江："成年人行为能力欠缺制度研究——兼论我国民事制度之完善"，载《法学》2003年第2期。

无相应的行为能力而无效，应当证明行为人行为时不具有辨认该行为的能力。[1] 本书亦赞同此观点，因为精神障碍患者的行为能力根据其病情的发展是不断变化的，不能简单地以抽象行为能力制度对其加以概括，而应采取动态的认知能力的判断。

（三）成熟的未成年人原则

成熟的未成年人原则源于 1985 年英国贵族院所作出的 Gillick 判决。Gillick 案件中，争议的焦点是是否承认未满 16 岁的未成年人享有接受避孕措施的同意权。英国贵族院判定：虽然父母亲有决定自己的孩子是否接受治疗的权利，但是父母亲的权利会随着孩子长大慢慢变小，父母决定未满 16 岁的孩子是否接受治疗的权利，在孩子拥有足以单独地、完全地理解医师所提议之内容的充分理解力和智能时，父母决定的权利便自行终止。判断能力成熟的未成年人即使未满 16 岁，在未经父母亲同意的情形下，也能够进行避孕咨询和接受避孕药的处方。Gillick 判决一般被认为是承认判断能力成熟的未成年人（无关于年龄）有决定是否接受该医疗的权利，亦即同意治疗权和拒绝治疗权的判决。

未成年人的医疗自主权问题在英美法上亦广受讨论，发展至今的基本处理是：对性病检测、堕胎等高度隐私的医疗行为，法院采取"成熟的未成年人"（mature minor）原则。也就是当未成年人达一定年龄之后（一般是 16 岁），只要其具备事实上的识别能力，就可以独自对该类医疗行为行使自我决定权，医师无需取得其父母的同意。1969 年，英国修正《家族法》，将成年年龄降低到 18 岁，同时规定"满 16 岁的未成年人对于医疗行为的同

---

〔1〕　焦少林："欠缺行为能力成年人保护制度的观念更新与重构"，载《政法论坛》2005 年第 3 期。

意和成年人所为者有同样的效力"（第8条第1项）。[1]

二、有争议的人体试验受试者自我决定能力判断

诚然，自我决定权意味着每个个体有权在经过充分告知的情况下去做一个自由的决定，包含未成年人和精神障碍者等，所有的人都有自己决定权。然而，未成年人或意识有欠缺的人由于欠缺了解及预测所包含的危险性的能力，因此，被认为并不具有法律上的决定能力，而无法同意或拒绝医疗行为，[2] 此时，便产生了决定能力瑕疵和代理决定的问题。法律在对此进行相对应的设计时，除了考虑人体试验受试者的自我决定权外，也应当一并考量其他的医学伦理原则，如行善、不伤害、正义原则，以保护无决定能力之人，避免其做出或被迫接受有害于自己的决定；此外，医师亦应发挥医疗专业的优势，尽量以人体试验受试者的利益为考量，俾使人体试验受试者之身体、健康能受到最大的保障。[3] 不过，人体试验受试者欠缺决定能力的情形很多，包含人体试验受试者为未成年人或人体试验受试者罹患重度失智症等情形，而最可能发生争议的是，当人体试验受试者处于无法承受疼痛的状态；或者当人体试验受试者抑郁症发作，只能看到疾病与治疗的负面结果，因而失去客观思考、判断，进而做出自主选择的能力时，人体试验受试者是否仍然有决定能力的问题；或者当人体试验受试者原本具有决定能力，其后失去意识的情形，人体试验受试者原先所为之决定，是否仍有效力的问题。下面分别

〔1〕 杨秀仪："病人，家属，社会：论基因年代病患自主权可能之发展"，载《台大法学论丛》2002年第5期。

〔2〕 Svapna Patel, "Do I Have Voice? Juvenile Medical Consent", 26 *J. of Juvenile Law*, pp. 111, 113.

〔3〕 余佩烨："病患权益与麻醉同意书"，载《北市医学杂志》2006年第12期。

就上述法律争议加以探讨。

（一）不理智或非专业的医疗决定

当人体试验受试者处于意识不清、重度痴呆或精神异常的情形时，他显然不具有同意或拒绝医师替其实施医疗行为的能力。然而，当人体试验受试者处于极度疼痛的状态或者对于偏方或传统医疗有不切实际的期盼时，例如罹患肺癌的人体试验受试者深信中医疗效、常吃中药调理身体，且对于化疗所产生的副作用无法忍受，而拒绝医疗行为，此人体试验受试者是否具备医疗决定能力就值得探讨。就此而言，人体试验受试者的决定能力可能受到许多因素的影响，例如，身体疼痛的程度及疼痛状态持续的时间长短等。德国曾经有一个"拔牙案"，此案中一名女人体试验受试者长期忍受剧烈头疼的折磨，到处求医仍无法找出病因。她自己认为是之前补过几颗牙齿导致的，于是去找牙医让其把自己的全部牙齿尽数拔除。牙医告诉她牙齿和她的头痛症状没有任何关系，她的猜测是没有任何医学依据的。虽然该人体试验受试者自己也无法确定，拔掉所有牙齿是否可以治疗头痛，但是仍然坚持要求医生为其拔牙，因为她认为这是治愈头痛的唯一手段。牙医第二次向人体试验受试者确认是否要拔掉全部牙齿，在得到肯定回答后将人体试验受试者的所有牙齿拔除，结果头痛并没有任何的缓解。德国联邦最高法院的判决认为，人体试验受试者的同意无效，牙医的行为构成了伤害罪。判决理由是："人体试验受试者作为外行是无知的，这种无知影响了她的理性思考；当牙医无法说服人体试验受试者持有正确的医学判断，就必须放弃拔牙的行为。"[1] 对此，学者们的反应不一。反对这一判决结果的学者认为，人体试验受试者知情同意的基础是《德国基本法》所

---

[1] BGH NJW 1978, 1206. 转引自林东茂："医疗上病患承诺的刑法问题"，载《月旦法学杂志》2008 年第 157 期。

保障的行为自由，不论人体试验受试者的行为是否具有理性，都应当等同地加以保障。如果是基于美容整形的目的，拔掉包括健康牙齿在内的所有牙齿，替换成假牙而使脸颊更好看，大家都会主张这是人体试验受试者的自由抉择。为什么当人体试验受试者认为拔掉牙齿是治疗自己头痛的唯一机会时，她的同意就是无效的呢？同样是拔牙行为，为什么评价不同？[1] 而肯定该判决的学说则认为，不理智的承诺容易违背善良风俗或抵触公共利益，因此在判断上必须很小心。而且，当不理智的承诺涉及重大身体完整性的侵害时，尤其需要进行谨慎的判断。本案中，要求拔牙的人体试验受试者由于饱受莫名头痛的折磨，其理性能力远不及正常人，因此同意无效。这和一些人为了美容整形而拔牙，或者自愿充当新药或新技术的受试者而发生病变的情形并不相同。[2]

针对人体试验受试者的医疗决定是出于不理智或非专业的情形，本文认为，在人体试验受试者因特殊的心理状态，因此欠缺客观的思考和判断，进而做出医疗决定的能力时，医师并不能仅因人体试验受试者拒绝或要求特定的医疗行为，就判定人体试验受试者欠缺决定能力。[3] 换言之，人体试验受试者做出不合理的医疗决定，并不一定代表人体试验受试者本身决定能力有所缺失。Brock 及 Wartman 认为，人体试验受试者有时只是因为某些因素，而做出不理智的决定，例如可能只是怕痛，而故意找一些理由来拒绝打针；或者，人体试验受试者只着眼于现在，而没有想到未来，如糖尿病人体试验受试者不肯接受饮食控制。因此，人体试验受试者与医师双方需要好好沟通，了解彼此的治疗目

---

〔1〕 Roxin, Strafrecht AT, Band I, 4. Aufl., 2006, §13 Rn. 87. 转引自林东茂："医疗上病患承诺的刑法问题"，载《月旦法学杂志》2008 年第 157 期。

〔2〕 林东茂："医疗上病患承诺的刑法问题"，载《月旦法学杂志》2008 年第 157 期。

〔3〕 戴逸承、蔡甫昌："病患拒绝医疗"，载《当代医学》2004 年第 8 期。

标，才能做出最适当的决定。[1] 然而，当医师已经将疾病及医疗资讯作了充分的说明，人体试验受试者仍然自主地拒绝特定的医疗行为时，如果客观上不符合紧急避险等阻却违法事由的要件，医护人员就不应该对人体试验受试者实施医疗行为；反之，在人体试验受试者要求特定医疗行为的情形下，医护人员基于医学伦理的其他原则，如行善和不伤害原则等，仍然应当拒绝替人体试验受试者实施此医疗行为，因为此时人体试验受试者的决定能力显然是低于常人的，其同意不应被认为有法律上的效力。

（二）失去意识前的医疗决定

当人体试验受试者意识不清而无从查证或得知其主观意愿时，医师便没有办法通过人体试验受试者的自我决定权来决定是否替其施行医疗行为。然而，可能发生争议的情况是，人体试验受试者在失去意识前曾积极地表示愿意或不愿意接受治疗，但亲属却和他之前的意愿相反地要求或拒绝医师实施医疗行为。例如主治医师告诉人体试验受试者癌症已转移，只能靠电疗及化疗来控制，而且最多只能延长三个月的寿命。人体试验受试者听了之后便不顾妻子的反对，拒绝再接受任何治疗，并且签署自动出院声明书后回家休养。两周后，人体试验受试者因为脑内肿瘤造成脑压急速升高被送至医院，到急诊室时已呈现半昏迷状态，家属希望医师尽力救治，但人体试验受试者却一直重复："我不要、我不要……"[2] 此时医师是否应当对人体试验受试者实施医疗行为，就涉及人体试验受试者先前所作的决定，是否在其失去意识之后便丧失效力，以及如何为失去意识的人体试验受试者进行医疗选择的问题。

---

　〔1〕　吴柏毅、蔡甫昌、陈庆余："病患的决定能力"，载《当代医学》2004 年第 6 期。
　〔2〕　戴逸承、蔡甫昌："病患拒绝医疗"，载《当代医学》，2004 年第 8 期。

第一，针对人体试验受试者先前所作的决定是否有持续效力的问题，本文认为，除非人体试验受试者表达意愿是依照"预立遗嘱"或"委任医疗代理人"的方式所做出的，否则在医师、亲属进行医疗选择的时候，由于人体试验受试者已经丧失意识且不具有决定能力，因此人体试验受试者先前做出的意思表示是否符合他现在的意愿，并不是不存在疑问的；而应视具体情况判断并决定医师执行或不执行医疗行为的法律效果。

如果人体试验受试者在失去意识前曾积极地表示愿意接受治疗，但亲属却与其意愿相反拒绝医师实施医疗行为，即使医师违反亲属的决定，强制替人体试验受试者诊疗，医师仍然可以其医疗行为是出于医疗目的、符合医疗技术的正当性，且具有医学上适应性，同时也符合人体试验受试者本人的意愿，而主张其行为是业务上的正当行为，而阻却行为的违法性。这就是法律所规定的"推测的承诺"，指依具体根据去推测法益持有人的主观承诺，因此，其评价基准不在于以客观基准来做法益或利益衡量，而在于从行为时的观点推测法益持有人真正的主观意思。[1] 其主要的法理基础在于：该行为是为了法益持有人的实质利益。

反之，如果人体试验受试者在失去意识前曾积极地表示不愿意接受治疗或参与人体试验，但亲属却违反其意愿要求医师为医疗或人体试验行为时，医师应当考量人体试验受试者先前所表示的意愿及亲属的意见，具体地去推测、探求人体试验受试者的主观意思，而做出执行或不执行医疗或人体试验行为的决定。如果最后医师经评估后决定执行医疗或人体试验行为，则在符合紧急避险的阻却违法事由下，行为将不具有违法性；反之，医师如果决定不执行医疗或人体试验行为，解释上似乎也不能认为医师应负任何的责任。

---

〔1〕 林钰雄：《新刑法总则》，元照出版有限公司 2006 年版，第 270~271 页。

　　第二，医师如何为失去意识的人体试验受试者进行医疗选择，医学伦理学者 Bernard Lo 提出三项判准：预立遗嘱（advance directives）、替代判断（substituted judgments）及人体试验受试者的最佳利益（best interests of the patient）。预立遗嘱是人体试验受试者本人在还具有决定能力时对其未来医疗规划所做的意思表示。替代判断是由与人体试验受试者亲近因而可能最了解其心意的人，来推断人体试验受试者在特定情形中可能采取的医疗选择。[1] 人体试验受试者的最佳利益说源于家长主义（paternalism）的立场，认为人体试验受试者不见得很清楚地知道其自身利益所在，如果医师或亲属觉得人体试验受试者所作的医疗决定并不符合人体试验受试者自身的最佳利益时，即使该决定是经过人体试验受试者深思熟虑之后的决定，仍然应该加以拒绝。比如，如果人体试验受试者在充分了解自己的病情后，决定放弃治疗而选择自动出院，但如果依据医学专业领域的考量，认为人体试验受试者继续住院接受医疗较为有利时，则应该阻止人体试验受试者自动出院。[2] 并进而表示，由于当代医学伦理对于人体试验受试者自主的重视，认为人体试验受试者才是承受医疗措施与结果的人，故应以其价值标准来衡量医疗措施的利弊。因此，为了贯彻此精神，在处理无决定能力的人体试验受试者的医疗决定时，也应该优先以人体试验受试者表示过的意见为准，如果没有此表示，才根据可能最了解人体试验受试者的人的推测，最后才是权衡该医疗措施可能带来的利弊而进行选择。因此，一般而言，根据遗嘱所做的决定比根据替代判断做成的决定优先；根据

---

　　[1]　洪凌钰、蔡甫昌："失能病患的医疗决定"，载《当代医学》2005 年第 10 期。

　　[2]　Ronald Dworkin, "Life's Dominion: an Argument about Abortion, Euthanasia, and Individual Freedom", 190-196, *Vintage books ed.*, 1994.

替代判断所作的决定又比根据最佳利益作成的判断优先。[1]

因此，最后，基于尊重人体试验受试者的自我决定权及其对于其自身的生命权与健康权所做出的医疗决定，本文认为，即使人体试验受试者先前表达意愿时，并非按照预立遗嘱或委任医疗代理人的方式实施，医师仍可以人体试验受试者先前表示的自主意愿或可推测得的意愿，作为决定是否实施医疗行为的判准。并且，基于行善原则、不伤害原则及人体试验受试者最佳利益说的立场，如果医师觉得人体试验受试者或其亲属所做的医疗决定并不符合人体试验受试者本身的最佳利益，医师仍应秉持专业做出实施或不实施医疗行为的决定。例如人体试验受试者先前误以为自己已濒临死亡，而拒绝任何医疗行为，但是事实上人体试验受试者并非属于疾病末期无法治愈，此时医师可以强制实施医疗行为，并在事后主张紧急避险来阻却行为的违法性。

第三节　人体试验受试者对生命自我决定的界限

一、生命权的价值

法律最为重视的个人权利是"生命"。在最原始的法律制度中，人类的生命就得到了保护。布莱克斯顿曾经强调，生命权是"不朽的自然法"赋予个人的绝对权利之一。他还认为，"这种永远与人类同在的、受上帝本人指引的自然法，当然比其他任何法都具有更高的地位……只要与它相抵触，就是无效的"。现代罗马天主教评论家斯特华斯重申了这一观点："人这个概念代表

---

〔1〕　Bernard Lo, "Resolving Ethical Dilemmas? A Guide for Clinicians", 94-110, *2nd ed. New York: Lippincott Williams & Wilkins*, 2000.

着一切自然间最完美的事物。人的完美与神圣，对法律的作用具有天然的制约。"就法律本身而言，只要是世俗的法律，它必然将生命价值放在第一位。然而，由于外科科学和统计科学的快速发展，传统法律对生命的评价与其他价值日益处于冲突状态。[1]因此，对这些最基本的价值观念要进行重新思考。人是法的基本而又终极的主体，说到人，自然想到人的生存、发展、权利、思想、文化等。其实，对于人来说，最基本的是人的生命。在法律社会中，没有对于生命权的法律保障，一切人格权利的法律保障都将流于空谈或化为乌有。生命是法律的第一价值。失去生命的人就不再是严格意义上的人。生命是人的内在根据与外在状态。尊重人的生命也就是尊重人的存在。作为个体的人无法创造自己的生命，当然就不能放弃自己的生命。[2]"因为一个人既然没有创造自己生命的能力，就不能用契约或通过同意把自己交由任何人奴役，或置身于别人的绝对的、任意的权力之下，任其夺去生命……凡是不能剥夺自己生命的人，就不能把支配自己生命的权力给予别人。""谁都不能以协定方式把自己所没有的东西，即支配自己生命的权力，交给另一个人。"[3]疾病、灾害、人祸和衰老都使人类个体的生命显得特别脆弱，根本就无法永恒。脆弱的生命需要特别的呵护、关爱与尊重，人类需要赋予生命以不可侵犯的尊严。[4]

人格权中的冲突最极端、最典型的表现形式是生命权间的冲突。生命权包括生命延续的权利和生命不被剥夺的权利。[5] 尊

---

〔1〕 〔英〕彼得·斯坦、约翰·香德：《西方社会的法律价值》，王献平译，中国法制出版社2004年版，第231页。

〔2〕 卓泽渊：《法的价值论》，法律出版社2006年版，第237~238页。

〔3〕 〔英〕洛克：《政府论》（下篇），叶启芳、瞿菊农译，商务印书馆1964年版，第17页。

〔4〕 卓泽渊：《法的价值论》，法律出版社2006年版，第241页。

〔5〕 卓泽渊：《法的价值论》，法律出版社2006年版，第250页。

重人格权，首先必须充分理解人的生命权，因为生命权是其他人格权的基础与出发点。当面对"该不该鼓励个体为了更多的人的生命而自我牺牲，个体有无权利拒绝这种自我牺牲"的难题时，只有深刻把握生命权概念的含义，才能更加真切地体味人权理念所蕴涵着的对人的生命的终极价值的最高尊重。[1] 正如荷兰学者伊利斯所说："最重要的，也就是最高级别的权利是生命权，因为它是所有其他权利的前提。"[2]

生命具有某种内在的、基于对作为个人的人格的尊重这个基础之上的价值。生命只不过是情感、关系、经验等的生物载体，正是这些因素，人的生存才有尊严和意义。[3] 因而，必须充分尊重每一个人体试验受试者的自主和尊严，"最合理的解释是人格的完整性优先于选择主体的实质福祉。自治的价值衍生于它所保护的能力：表达自己在生命历程中的特征——包括个人的价值、追求、信念、经验及其反思。认可个人的自治权使自我创造成为可能，它允许我们每一个人自负其责地按照自己可能未必一贯，但却必然独特的个性塑造自己的生活。它允许我们驾驭生活而不是为生活所驾驭，使我们每个人在权利可能的框架和限度内成为我们自我发展的产物"。[4] 另外，考虑到以自决为核心的自我决定原则的要求理应适用于个别法主体的自我关系上，只不过这种自我关系的法义务一旦对应到自我决定的规范意义，那么所谓的自我决定即可证成人类作为自由的人格体而负有"自我肯认"的义务，特别是自我维持与自我实现。

---

〔1〕 甘绍平：《人权伦理学》，中国发展出版社 2009 年版，第 193 页。

〔2〕 甘绍平：《人权伦理学》，中国发展出版社 2009 年版，第 193 页。

〔3〕 [英] 彼得·斯坦、约翰·香德：《西方社会的法律价值》，王献平译，中国法制出版社 2004 年版，第 245 页。

〔4〕 Ronald Dworkin, *Life's Dominion: Argument about Abortion and Euthanasia*, 1993, p. 224. 转引自王占明："论英美侵权法上的'告知后同意'"，载梁慧星主编：《民商法论丛》（第 41 卷），法律出版社 2008 年版，第 371 页。

二、选择死亡的权利

选择或决定死亡的权利的内涵有二：其一，个人均具有追求幸福的权利，亦即生存的意义，应任由个人自由判断。人如已失其生存的意义，即应有选择死亡的自由；而且生存的意义，在具有死亡权利时，其内容才渐渐具体；其二，现代医疗上，人体试验受试者对于医疗内容，既然有知情的权利，那么对于维持生命的装置，自然也有拒绝的权利，即有拒绝接受医疗的权利。[1]换句话说，人体试验受试者有权决定其自身的医疗行为，当然也包括是否接受医疗行为。癌症末期的人体试验受试者，有权利拒绝接受化学治疗，而心脏病的人体试验受试者拒绝服用治疗药物，在伦理上也很难加以责难。在相当重视人体试验受试者自主性的国家，甚至立法对于人体试验受试者的自我决定权加以明确保护，譬如美国国会于 1990 年颁发的《病人自决法案》，即明文规定人体试验受试者有权利用生前遗嘱（Living will）或预立具有经常性权利的代理人（durable power of attorney）的方式，来对其所接受治疗的种类及程度加以选择。[2]

值得思考的是，当人类不再只是脆弱生命的主人，而同时也尝试打造出生死之钥，渐渐有局部主宰生命的可能性或有一定客观的能力来阻止死亡以大自然的自身节奏发生时，那么，生命是否仍毫无疑问地高高在上、不许存在任何妥协的价值？这样的"生命"究竟为谁存在？究竟谁有权利决定"死亡"的时点？人

---

〔1〕　甘添贵："缓和医疗行为之适法性"，载《月旦法学杂志》1998 年第 38期。

〔2〕　Ronald Dworkin, "Life's Dominion: an Argument about Abortion, Euthanasia, and Individual Freedom", 190–196, *Vintage books ed.*, 1994. 转引自吴俊颖："寿终正寝？——病患亲属代理决定权的探讨"，载《月旦法学杂志》2004 年第 114 期。

体试验受试者，家属，国家，还是科技本身——由机器的负载能力来决定？

生存权是宪法所保障的个人的基本权利，为落实宪法的抽象原则规定，刑法设置了杀人罪的规定，以制裁杀害他人而彻底剥夺他人生存权的犯罪行为，用以保护个人法益中最重要的生命法益。由于这一原因，只要是生而为人，其生命无分生命力的强弱、生理或心理的健康状态、老幼青壮或男女、个人有无生趣等，均无所谓没有生存价值的生命，即使是天生重度残障、心智迟缓、罹患重病或绝症而命在旦夕、身受重伤或年老体衰而濒临死亡边缘等的人的生命，仍旧全部都是杀人罪的刑法条款所要加以保护的生命法益。这即是刑法对于生命法益的保护所采行的生命绝对保护原则。不过人既然有生存的权利，自然也有死亡的权利，故刑法不得为了落实生命绝对保护原则，而制定处罚自杀行为的条款。自杀的行为固然有违伦理规则，但是因属个人对其生命的处置，而不能制定处罚条款。[1] 但是，自杀只能由本人完成，不可借他人之手自杀，否则，其他人将可能构成加功自杀罪。《日本刑法》第202条规定，教唆或帮助他人自杀，或被嘱托杀人或得到被杀人的承诺而杀害被杀人的，也构成犯罪。因此，从宪法基本人权的观点来解读的死亡权，事实上即为一种人的意志与行为的自我决定权，不过，这样的权利均非赋予权利人得积极地请求国家为特定行为，更具体地说，从死亡权或自我决定权中充其量可以思考自杀是否为罪，并无法导出人体试验受试者可以请求医师甚至第三人进行以结束生命为目的的措施，也无法导出人体试验受试者可据以请求国家允许医师进行积极安乐死的内涵。

另外，关于选择死亡的权利，真正的问题出现在人体试验受

---

〔1〕 林山田：《刑法各罪论》（上册），北京大学出版社2012年版，第47页。

试者的真实意愿并无法被得知的时候，不管是由于人体试验受试者失去意识，或是由于人体试验受试者无法被询问关于治疗是否应当继续下去的问题。此时，相对于积极杀害人类生命的行为本质上受到禁止，仅有些法律上存在作为义务时，放任人死亡才会违背法律。如果我们考虑到医疗照护的功能，是作为一个社会行动的医疗，其被设计的主要目的在于保存或制造个人自我意识与自我实现的能力，那么当人体试验受试者已经几乎没有重新获得意识的希望时，医师维持一个植物人的生命的义务便应当结束，此时人们就无法合理期待要求社会保存一个人的生命；反之，在非自愿性的放任死亡议题上，如果要维持纯粹的生命神圣性的价值取向，那么不管花费多少成本，所有的维持生命措施都必须提供至人体试验受试者咽下最后一口气为止，将会是一个强制性的命令，不过问题是这样的做法是否提供了真正的协助，尚且无法被验证的是，这样的做法是否就尊重了人体试验受试者之自我决定权。

第四章　人体试验受试者自我决定权的适用

随着医学的进步，人类越来越有能力通过各种新药、新的医疗技术和新的医疗器械治疗各种疾病。而这些新的药物、技术和器械需要很多受试者接受人体试验之后，才能保障其对于人体具备相当程度的安全性和有效性。因此，各国通常都会要求新医疗技术或方法、新药上市，必须通过毒理试验、动物试验和三阶段的人体试验，才能应用到常规医疗中。相对于社会大众和研究者从新药专利所获取的利益，受试者承担了高度的不确定风险，利益却十分有限。参与非治疗性试验的受试者，无法获得任何医疗利益；其他受试者即使可能从治疗性试验中获得医疗利益，该利益与其所承担的风险也有极大的不确定性。面对这种不确定性，受试者凭借自己的力量很难保护自己，因为他们的利益在面对资讯和专业知识充裕的研究者、药厂追求庞大商机的诱因，以及社会整体要求医药进步的期待时，可能会妥协。因此，如何借由更精密的制度设计，让受试者更具有保护自己的能力，是制度设计上必须考量的问题。

历史显示，当研究者和赞助商掌握了资讯和专业知识，便握有极大的权力，足以任意摆布受试者，将受试者当作试验工具对待。美国持续四十年的 Tuskegee 梅毒研究便是如此。但是，人体试验的受试者享有自我决定权，不应受到他人的操控，在人体试验的法律制度上，虽然告知后同意制度是保障受试者自我决定权的主要手段，但应如何设计才能保证受试者的自我决定权得到完善的保护，是本章需要研究的内容。

第一节　人体试验受试者自我决定权的理论基础

一、人体试验受试者自我决定权保障的困境

人体试验具有悠久的历史，为人类带来了长远的贡献，从远古传说的神农尝百草到现在正在发展中的基因治疗，每一项突破都有人类参与试验的轨迹。然而，从西方人体试验的历史来看，以不人道方式对待受试者的案例层出不穷。如1879年挪威的汉森医师违反患者意愿强行为其接种麻风结节萃取物，以证实其医学理论；19世纪美洲地区医师将沸水浇到奴隶身上，观察是否可以治疗伤寒，或在奴隶身上反复练习新的医疗技术等。[1] 二战期间，日本371部队在中国东北发展生化细菌武器，对战俘和平民进行各种毒理试验，纳粹德国在集中营也进行过类似的人体试验。二战后，1966年美国哈佛大学学者Henry K. Beecher对刊登在著名医学期刊上的人体试验研究成果报告和论文进行调查统计，发现数十件违反医学伦理的人体试验，并将调查结果刊登在《新英格兰医学杂志》上，引起广泛的关注。[2] 1972年媒体揭发了持续了40年（1932年~1972年）的Tuskegee梅毒研究中，临床试验医师用安慰剂代替盘尼西林给予随机对照组的200位黑人梅毒患者服用，但是从未告诉他们正在参与一项人体试验，目

---

〔1〕　高培桓："生物医学人体试验之国际法规范"，东吴大学2000年硕士学位论文。

〔2〕　李瑞全："人体试验之伦理规范"，载《应用伦理研究通讯》2001年第19期。

的在于了解梅毒长期在人体里所发生的发病症状及患者的反应。[1]

现代的人体试验中，虽然有《纽伦堡公约》《赫尔辛基宣言》和《涉及人体生物医学研究国际伦理准则》等国际性法律文件的约束，少有大规模完全漠视受试者自我决定权的行为，但是仍然面临很多问题。如美国宾州大学的人体基因治疗试验，一名 18 岁的受试者接受高剂量的基因改良病毒后死亡。[2] 因此，人体试验受试者一直面临着相当大的风险，而这些受试者是否明确知道其将承受死亡的风险，或者他们是否误以为治疗性试验是一种安全性更高的治疗方式，如何确保研究者维护受试者的自我决定权，值得深思。另外，是否只要经过受试者同意，就可以任意从事人体试验，受刑人、孕妇和哺乳妇女、末期患者的自我决定权是否需要特殊保护，被监禁的人的自我决定的意思表达自由程度可能受到影响，孕妇和哺乳妇女参与试验可能影响胎儿与婴儿的健康，对末期患者人体试验限制过多，可能会扼杀他们仅有的生存机会，因此，如何合理保护受试者的自我决定权，制度上还需要做更多。

二、人体试验研究者–受试者的利益冲突

医学伦理是规范医师与医学研究人员行为的重要具体标准，某些伦理原则为该领域法律的发展奠定了共识基础，因此人体试验必须遵守医学伦理的规范。为了应对各种新兴的议题，西方哲

---

〔1〕 董明钦：“伦理道德在以人体作为新药之临床试验之探讨”，载《药学杂志》1995 年第 2 期。

〔2〕 ［美］麦林达·温纳：“基因疗法的悲剧”，载科学人杂志：http：//sa. ylib. com/MagCont. aspx？Unit＝newscan&id＝1455，最后访问日期：2021 年 10 月 12 日。

学家尝试从各种角度建立一套有系统的伦理规范来解决问题，包括借助康德、边沁和弥尔的理论。这也正说明了人体试验中保护受试者和追求医学进步两种核心价值的冲突。

　　结果论以边沁和弥尔的功利主义为代表，注重行为的结果。他们认为，有助于促进"最大多数人的最大幸福"的行为就是合乎正义的。[1] 在这样的观点下，集体生命的价值高于个别生命，而人体试验既然又仅以少数受试者的生命健康为代价，便可换取医学进步的成果，为最大多数的人谋求医疗福祉，如此便是符合正义的。至于是否取得受试者同意，并不影响人体试验的正当性。

　　本务论（又称为义务论）以康德为代表，注重行为的本质，认为出于"善良意志"的行为才是合乎伦理的，而"善良意志"是指受到理性道德法则支配的意志。[2] 换句话说，只有依据理性道德法则的行为才是符合正义的。[3] 同时，康德强调对人的尊重，主张我们始终要把人当成目的，而不要把人视为一种工具或手段。因此，人和物的区别在于，物可以有市场价值，而人本身就是价值，人的价值不可以屈服于市场价值。[4] 依据康德的理论，如果受试者的尊严和价值未被平等对待，新医学技术的发展不论未来能成就多少人的福祉，都是不符合正义的。因此，受试者自我决定权的保障应当优先于试验利益。

　　这两种价值的冲突普遍存在于各国的人体试验政策中，而不

〔1〕 Tony Hope, Julian Savulescu& Judith Hendrick, *Medical Ethics and Law - The Core Curriculum*, 3-5 (2003).

〔2〕 Barry R. Furrow et. al., *Bioethics: Health Care Law and Ethics*, 7 (3rd ed., 1997).

〔3〕 Tony Hope, Julian Savulescu& Judith Hendrick, *Medical Ethics and Law - The Core Curriculum*, 5 (2003).

〔4〕 Barry R. Furrow et. al., *Bioethics: Health Care Law and Ethics*, 16 (3rd ed., 1997).

同国家也有不同的取舍，若干先进的技术输出国特别重视研究发展，因此偶有让医学研究利益凌驾于保护受试者的情形也不意外。当前我国医药产业还不发达，而跨国药厂却在全球寻找"最佳试验场所"，我国法律应如何应对值得进一步思考。受试者作为弱势群体，理应受到普遍人权理论的关怀。不仅如此，对受试者进行特殊的倾斜性保护，缓和弱势群体和强势群体之间的矛盾和冲突，也是建设中国的内在要求。[1] 当前新冠疫情肆虐，在协同应对机制的理论指导下，我们应当根据该危机的全生命周期和内外部环境的演化，不断调整应急协同组织网络结构、大小、资源等各方面的属性，不断协调应急协同参与主体及其相互作用关系，构建更具动态性、柔性、适应性的组织网络。基于复杂自适应系统理论，在危机应对组织网络中加入时序元素，将时间切片引入社会网络分析，构建危机应对组织网络动态分析框架。[2]

三、生命伦理原则在人体试验中的应用

不论结果论还是本务论，都是相当抽象的，人们遇到具体问题时，往往无法从中找到明确的解决办法。于是有学者发展出新的生命伦理方法论，期望能有系统地为生命伦理难题谋求应对之道。这些新的生命伦理方法论包括：女性主义生命伦理或关怀理论、决疑论、社群主义、儒家生命伦理等，其中 Beauchamp 和 Childress 所构建的生命伦理四原则在英美受到广泛的讨论应用，之后经由《医学伦理杂志》（Journal of Medical Ethics）的主编 Raanan Gillon 积极推向欧洲，这四大原则分别为行善原则、尊重

---

〔1〕 付子堂："法治体系与人权保障"，载《法学研究》2013 年第 2 期。

〔2〕 郭雪松："突发公共卫生事件协同应对机制研究——以新冠肺炎疫情应对为例"，载《四川大学学报（哲学社会科学版）》2020 年第 4 期。

自主原则、不伤害原则和公平原则。[1] 这四大原则应用到人体试验中，也构成了受试者保护的基本原则。

（一）行善原则

行善原则的本意是要求医师协助人体试验受试者追求其个人的最佳利益。如果过度追求医师"行善"，可能会衍生出"医师裁量权"，使医师在特定情况下可以自行为人体试验受试者做出他认为符合人体试验受试者最佳利益的医疗决定，而不需要人体试验受试者同意。然而，人体试验不同于常规医疗，研究者和受试者之间存在利益冲突，不可能要求研究者促进受试者的最佳利益，因此，研究者不具备任何的裁量权，不得擅自为受试者做任何决定。而且，人体试验中风险难以预测，研究者也不确定受试者可能会遭受什么伤害，因此，欠缺为受试者谋求最佳利益所需的资讯。

但是，研究者必须评估试验对受试者可能带来的风险和利益，追求整体研究的最大利益和最小伤害，且受试者所承担的风险和利益相比必须合理。[2] 因此，在进行人体试验前，必须彻底进行初步的研究和动物试验，借此了解可能发生的风险和副作用。人体试验计划的设计和执行，每一个环节也都必须寻求风险和利益的平衡，研究者必须致力于消除或降低对受试者的任何风险。[3]

---

〔1〕 黄清滨："医学伦理、病人安全与医疗刑事责任之研究"，载《医事法学》2009 年第 1 期。

〔2〕 赖志铭："以人类为受试者之生物医学研究之国际伦理准则——国际医疗科学组织暨世界卫生组织合作会议"，载《应用伦理研究通讯》2001 年第 19 期。

〔3〕 Randall Baldwin Clark, "Speed, Safety, and Dignity: Pediatric Pharmaceutical Development in an Age of Optimism", 9 *U. Chi. L. Sch. Roundtable* 1, at18 (2002).

（二） 尊重自主原则

人体试验中最重要而不可妥协的原则，就是参与人体试验的决定必须是出于受试者的自愿。通常认为，这属于与个人有关的事务，自然人本人享有自我决定权。如日本通说认为，对生存中的人身不涉及他人的支配，本人有完全的自我决定权，不仅可以排除加诸自己身体的违法侵害，而且还可以更积极地自由决定对自己身体的一定处置，如做出接受手术的承诺等。[1] 因为每个人都是自主的个体，有自己的价值观和信念，有权利依据个人价值观做出符合自己偏好的抉择。只有尊重受试者的自主权，才能保障其个人尊严，使受试者得以借由其参与试验与否的决定，实践其个人的价值；如果漠视其自主权，将会使受试者沦为研究者达成目的的工具。

自主意味着不受他人干预或任何其他不当影响，而得以依据自己的选择做事。一项自主的决定，必须是出于不受干预的自由，并具备基于个人意愿而行动的能力。至于理解是否相当、外力是否过度介入，是依据个案而有不同的标准，因此，受试者的自我决定和普通患者的自我决定有不同的标准。[2]

为了实践尊重自主的原则，人体试验特别重视"告知后同意原则"。首先，研究者必须向受试者说明人体试验的相关资讯，包括试验的目的、方法、风险、副作用等，以便让受试者充分了解参与试验可能面临的各种情况，并做出符合自己价值观和偏好的决定。其次，受试者处于实验组或对照组，原则上也应当告知，除非有必要，例外地不告知受试者。最后，受试者必须根据

---

〔1〕 余能斌、涂文："论人体器官移植的现代民法理论基础"，载《中国法学》2003 年第 6 期。

〔2〕 Tom L. Beauchamp & James F. Childress, *Biomedical Ethics*, 58-59, 12 (5th ed., 2001).

意志做出理性的决定，那么，如果受试者受到胁迫或不当引诱而参与人体试验，法律如何规范这种情况呢？对此问题，受刑人和末期人体试验受试者面临胁迫或不当引诱的压力，最为显著。

为了尊重受试者的自我决定权，不但应当首先取得受试者的同意，如果以后发生了试验计划中未曾预期的严重状况，也必须告知其他受试者，并允许受试者随时撤回同意退出试验，而无需提出任何理由。研究者应将受试者享有随时退出试验的权利提前、明确告知受试者。

（三）不伤害原则

不伤害原则的本意是防止医师对人体试验受试者做出不利益的行为，除了不可伤害人体试验受试者之外，也不可对其施加没有必要的风险。[1] 然而，不伤害的要求不是绝对的，在人体试验领域，只要研究者尽到了说明义务，并取得受试者出于自愿的同意后，即可合法地在受试者身上进行试验，人体试验中所产生的足以伤害受试者的风险、不适、痛苦和副作用，因为受试者的同意而成为正当的。因此，告知后同意原则似乎蕴含了人体试验受试者不伤害原则对医生的束缚。

因此，人体试验的伦理原则中很少提及此原则。美国经过Tuskegee 事件之后，国会于 1974 年 7 月 12 日通过了《国家研究法案》（National Research Act），该法案对研究伦理最主要的影响是于 1979 年提出了贝尔蒙特报告。该报告提出的观念，不但成为美国政府以后有关人体试验政策的伦理原则与标准，还是世界各国制定相关规范时一定会参考使用的。而该报告对人体试验的

---

〔1〕 Tom L. Beauchamp & James F. Childress, *Biomedical Ethics*, 114 - 115, 12 (5th ed. , 2001).

伦理原则只涉及了"尊重自主""行善"和"正义"三项,[1]似乎刻意忽略"不伤害"原则。不过,对受试者的一切伤害或不利益,都可以借由受试者的同意而正当化,是否有正当化的边界,还需要考虑"行善"原则对研究者的要求。

(四) 公平原则

公平原则的作用是帮助我们决定如何分配社会负担、利益和责任。[2] 人体试验所产生的利益和负担应当由谁来享有和负担,便是正义原则的核心议题。符合正义原则的解决方式,是以宏观的角度,从整个社会层面关心试验风险与利益的分配,以避免试验的负面效果完全由社会中下阶层承担,而试验的利益则由拥有资源的阶层独享。[3] 因此,研究者必须公平挑选、对待受试者,除非有科学上或伦理上的正当理由,否则任何族群不能被有系统地挑选或排除。正如管理学者主张的,政府在社会主义核心价值观和精神文明建设过程中,树立、塑造和形成了一种社会的"共有意义"或社会意义,为各方面社会力量在危机应对时刻形成一致行动提供了重要社会道德基础,也为政府的资源整合与组织能力提供了重要保障。[4] 这里的"社会共有意义"便是公平原则应当实现的目标。如果因为受刑者比较容易掌控就完全以这一群体作为受试者,就是违反了正义原则。同时,还必须公平分配参与研究者的负担和利益,对于受试者中比较脆弱、容易受伤害的

---

〔1〕 "贝尔蒙特报告",载 https://www.docin.com/p-93016206.html,最后访问日期:2021 年 2 月 1 日。

〔2〕 Tom L. Beauchamp & James F. Childress, *Biomedical Ethics*, 225, 12 (5th ed., 2001).

〔3〕 Randall Baldwin Clark, "Speed, Safety, and Dignity: Pediatric Pharmaceutical Development in an Age of Optimism", 9 *U. Chi. L. Sch. Roundtable* 1, at18 (2002).

〔4〕 孙彩红:"协同治理视域下政府资源整合与组织能力分析——以新冠肺炎疫情防控为例",载《四川大学学报(哲学社会科学版)》2020 年第 4 期。

族群给予合理的差别待遇。[1] 对于受试者在试验中受到的伤害，也应当给予治疗和合理的补偿，以符合社会正义。

第二节　人体试验研究者的义务

人体试验中，各种伦理原则的实际应用，主要落实在告知后同意（informed consent）上。以人类为受试者的医学研究，涉及许多复杂的伦理和法律问题，研究者必须关注并践行负责任的研究行为，以免违背研究伦理，而告知后同意便为一个关键的过程。

一、人体试验告知义务的特点

人体试验不同于常规医疗，不过这种差异是否需要另行建立一个告知义务的标准，理论上尚未达成一致。Faden 和 Beauchamp 认为，人体试验的告知义务应采取与常规医疗相同的标准，而人体试验中的"风险考量"是告知后同意原则的前提条件。换句话说，他们认为，人体试验的特殊之处在于无法预测的风险，关于受试者，最早也是最主要的伦理法律议题是风险控制，而非参与人体试验的自主权。因此，必须在风险负担与受试者自主权之间寻求平衡，只有在风险"可被接受"的情况下，告知后同意程序才能启动。[2] 不过，美国《贝尔蒙特报告》认为，应该建立一套与常规医疗不同的标准。人体试验和常规医疗

---

〔1〕　赖志铭："以人类为受试者之生物医学研究之国际伦理准则——国际医疗科学组织暨世界卫生组织合作会议"，载《应用伦理研究通讯》2001 年第 19 期。

〔2〕　R. Faden & T. Beachamp, *A History and Theory of Informed Consent*, 152 (1986).

的区别没有模糊的空间，只有先行区分并设立不同规范，才可以得知哪些行为必须放在保护受试者的标准下检视，才能落实保护受试者的宗旨。该报告还提出，只要行为中有任何一个要件符合人体试验的特质，该行为就必须放在保护受试者的范畴检视。[1]

本书认为，上述两种观点都无法忽略人体试验和常规医疗本质上的差异，人体试验的风险难以预测，因此无法提供比较可靠的医疗专业意见，无法提供可靠的利益，此外，研究者和受试者之间的利益冲突，导致无论作为告知后同意原则的适用前提，还是作为告知后同意原则的内容考量，都同样修正了告知后同意原则的适用方式和范围，而使该原则适用在人体试验领域和常规医疗领域有所不同。而且，人体试验和常规医疗的不同之处，并非只有 Faden 等人所认为的风险考量。这些重大的差异，对研究者说明义务和受试者自我决定权的保护产生了重大的影响。

二、人体试验告知义务的内容

（一）其他国家的相关规定

我国《药品临床试验管理规范（GCP）》（已失效）对受试

---

[1] "贝蒙特报告"，载 https://www.docin.com/p-93016206.html，最后访问日期：2021 年 2 月 1 日。

者的自我决定权和研究者的告知义务仅有第 14 条[1]一条加以规范。国际规范中，《纽伦堡公约》《赫尔辛基宣言》对于研究者的说明义务之规定均采取列举的方式，前者第 1 条即规定，进行人体试验必须取得受试者的同意，而受试者的同意必须基于对实验的性质、期间和目的、试验方法、可合理预测的不便和风险、参与试验对身体健康或个人的影响等事项的充分知悉和理解，使受试者得以作出明智的决定。后者在第 22 条规定，应适当地告知可能的受试者，关于试验目的、试验的方法、资金的来源、任何可能的利益冲突、研究者之间的内部职务关系、可预期的研究利益和潜在风险、可能产生的不适，以及不参与试验或撤回同意的权利等事项。根据我国的法律规定，许多重要的问题均无需说明是不妥的。受试者如果不了解研究经费来源和研究机构背后的种种权力金钱纠葛，就不明白人体试验的获利者是谁，也无法评估与自身利益的冲突。如果治疗性试验的受试者不知道存在对照组，就无法正确评估自己可能承受的得不到治疗的风险。

（二）我国应有的规定

按照国际通行的列举式规范方法，借鉴国际规范和美国相关法律制度，作者认为，对我国人体试验告知义务的规范具有重要的参考价值。

---

[1]《药品临床试验管理规范（GCP）》第 14 条规定："研究者或其指定的代表必须向受试者说明有关临床试验的详细情况：（一）受试者参加试验应是自愿的，而且在试验的任何阶段有权随时退出试验而不会遭到歧视或报复，其医疗待遇与权益不受影响。（二）必须使受试者了解，参加试验及在试验中的个人资料均属保密。伦理委员会、药品监督管理部门或申办者在工作需要时，按规定可以查阅参加试验的受试者资料。（三）试验目的、试验的过程与期限、检查操作、受试者预期可能的受益和可能发生的风险与不便，告知受试者可能被分配到试验的不同组别。（四）试验期间，受试者可随时了解与其有关的信息资料。必须给受试者充分的时间以便考虑是否愿意参加。对无能力表达同意的受试者，应向其法定代理人提供上述介绍与说明。知情同意的说明过程应采用受试者或其合法代表能理解的语言和文字……"

（1）邀请。应以明确的邀请作为开端，研究者邀请可能的受试者成为研究对象，而不是命令或要求的方式，不得以胁迫或其他不正当的方式开展告知后同意程序。

（2）整体目的的陈述。研究者必须对受试者说明研究的目的，一是为了让受试者了解试验主要在做什么；二是也让受试者在不认同某些研究目的时，可以及早退出。

（3）选择受试者的依据。受试者应当知道自己被选为受试者的原因，例如可能是因为他患有某种特殊疾病，或只是单纯作为对照组。

（4）说明程序。一般情况下，应使受试者了解这些程序是为了研究利益而实施的，但是在受试者也是患者的情况下，应告知受试者哪些程序可以促进其个人福祉。这样，可以让受试者据此评估他可能的负担，如身体不适、受伤的风险、经济上的负担等。另外，还应当告知受试者一般所期待了解的信息，包括互动的对象，进行研究的地点、时间、频率等。

（5）不适和风险的描述。研究人员应注意过度透露或隐藏可能的不适和风险的问题。在告知受试者可能存在的不适和风险时，应以理性受试者的标准进行告知。

（6）伤害的发生。研究者必须详尽描述，如果不幸发生伤害，受试者可以获得的医疗照顾，或者伤残补助的事宜。

（7）利益的描述。告知受试者在研究中可合理期待的利益，但不能保证其一定能够获益。此外，在治疗性研究中，必须清楚说明试验的目的虽然有促进受试者直接利益的一个方面，但是另一个目标是建立系统性的新知识。

（8）替代方案的告知。当人体试验是为了测试新疗法时，受试者应被告知其他替代方案及其性质，还应注意替代方案的呈现方式，以存活率或死亡率加以详细说明。

（9）保密的保证。研究中所有受试者的私人信息都会受到保护而不被公开，这一信息也应当告知受试者。

（10）财务的考虑。详细说明成为受试者后可能获得的经济利益和实质损失，如受试者在完成实验后或中途退出试验可获得多少酬劳。或者，受试者是否享有使用参与试验后所研发出的产品的特权，可否分享该产品销售的实质利益，或研究的赞助者是何人等信息。

（11）解答疑问及提供咨询。研究者应向受试者说明，如果对研究相关的特定信息有疑问的，谁可以为其提供清楚详尽的解答，与受试者是否可以咨询他人，其咨询者是否应参与受试者同意的程序。国际上，咨询的对象通常是受试者的私人医师，且必须不涉及该人体试验，如果受试者没有私人医师，研究者可提供专家或顾问作为其咨询的对象。

（12）非强制性的拒绝或放弃。受试者应当明确被告知，其退出试验不会受到任何惩罚或损害其应享有的利益。特别要注意的是，如果放弃参与试验可能造成不当的后果，例如某种药物治疗突然中止后可能会对人体造成伤害，一定要对受试者事先说明清楚。

（13）信息不完全公开的同意。当某些研究目的或方法的公开将影响研究的有效性时，研究者必须告知受试者，为了研究的目的，某些信息将被保留，不会销毁。研究者务必确认受试者的同意，因为人体试验的某些信息可能涉及受试者个人的基因信息、甚至是受试者整个家族的隐私，原则上应当予以销毁，以避免这些信息被他人不合理地利用。

（14）信息的持续公开。试验结束后，研究者应对受试者说明试验的结果，甚至告知其进一步的信息，如在试验中有新的发现，而受试者可能有兴趣继续参与试验；如果研究结果不适合与受试者分享，也应在告知的过程中事先说明清楚。

受试者只有在充分被告知后，才能基于自我决定权做出判断。因此，无论是参与试验的人数，还是研究者的背景等信息，都可能影响受试者的决定。研究者应和受试者充分沟通，使受试者了解其所想要知道的信息，以利于人体试验的顺利开展和受试者自我决定权的切实保护。

三、研究者的告知义务与安慰剂

在 1863 年间，国际社会上，开始在人体试验的设计中出现了安慰剂，1923 年有了随机分配的试验设计，第一个符合现代设计标准（双盲试验、对照组、随机分配）的人体试验出现在 1948 年。[1] 生物学现象是一种统计学现象，所有的试验都应该安排对照组，实验组的数据与对照组比较后，才能确认试验结果是否正确。在人体试验中，通过和对照组的比对，才可以了解新药品、新医疗器械确实有效，对照组是试验中不可或缺的一环。对照组中，受试者使用的往往是没有任何治疗作用的安慰剂，而参与人体试验的受试者，如果是从一群患有相同疾病的病人中挑选出来的，他们或多或少都会有借着进行新药试验而得到治疗的期待心理。但是，为了让试验顺利进行，维护试验的科学性，研究者不应明确告知其将会服用安慰剂，而这样又违背了研究者应完整告知试验内容的要求；再如，新药试验中，如果将正常人纳入对照组，研究者就新药所造成的风险往往无法掌握，进行告知时会因为风险管控能力有限而避重就轻，或者一语带过。这种流于形式的告知，会在发生风险时，产生研究者是否已经明确告知的争议。

在现代人体试验设计标准中，双盲试验中受试者和研究者都不知道谁服用了无效的安慰剂，但是，参与试验的患者肯定都希

---

〔1〕 林首愈："国内从事以人为对象的生物医学研究之伦理审查法规现况"，载《临床试验中英文季刊》2006 年第 2 期。

望自己是接受了治疗并可能缓解、治愈疾病的。因此，试验中使用安慰剂是否对患者构成欺骗，是存有疑虑的。肯定说认为，服用安慰剂可能会延误患者的治疗，辜负了受试者对研究者的信赖，将来也可能损害受试者对正常治疗的信任，而此种信任是医患之间医疗契约的基础。而且，如果受试者知道自己服用的是安慰剂，不可能真心同意接受此试验，这无疑是对受试者自我决定权的嘲弄。反面的意见则认为，受试者只要被告知有可能被分到对照组，而受试者仍然决定参加人体试验，便具有契约上的约束力；从社会利益的角度来看，因为有对照组的数据，才能对新药疗效进行明确的分析判断。另外，安慰剂有时候会出现神奇的疗效，在新药试验中有时候会发现有些受试者对安慰剂会出现有利反应，特别是因情绪紧张而直接影响其疾病的受试者，有 30%~40%在使用安慰剂后疾病得到好转，安慰剂可以让受试者产生自己正在接受积极治疗的心理增强效果，也有助于病情的缓解。当然，无论何种观点，都承认安慰剂绝非治疗的有效方法，因此，在使用安慰剂前必须详细说明试验的过程和目的，诚实回答受试者的问题，不能将明确表示不接受安慰剂的受试者分到对照组，而且当试验没有比较的必要时，不应继续使用安慰剂。[1]

《赫尔辛基宣言》（2008 年版）第 32 条已经明确指出，只有在特定情况下才能使用安慰剂。该宣言规定，新医疗方法的好处、风险、负担和效果，原则上应和目前已知的最佳治疗方法比较，因而确立了安慰剂的使用时机。作者认为，研究者践行告知原则时，应将试验设有对照组，或者对照组会使用安慰剂加以说明，至于如何分组因为研究者本身可能也不知道，应当就双盲试验的特点向受试者说明，然后尽可能地解答受试者提出的问题。双盲试验是为了达到科学的结果而设计的，并非研究者故意不告

〔1〕　曾淑瑜：《医疗伦理与法律 15 讲》，元照出版有限公司 2010 年版，第 212~213 页。

知受试者安慰剂的事项，所以不能认为属于欺骗行为。我国现有法律规范中对此并没有明确规定，应当予以补充规定，除了使受试者的保护更为完善，也是彰显对其贡献的尊重。[1]

第三节　人体试验的特殊受试者

人体试验的受试者受到自身理解能力、所在环境、性别、是否怀孕等各种因素的影响，他们需要保护的强度不尽相同，如未成年人的理解能力有限，受刑人所处环境的压力更大，孕妇怀有胎儿等。为了充分保护受试者的自我决定权，对于不同的受试者应当给予合理的差别待遇，赋予不同强度的保护。我国《涉及人的生物医学研究伦理审查办法（试行）》第 14 条第 6 项规定："对于丧失或者缺乏能力维护自身权利和利益的受试者（脆弱人群），包括儿童、孕妇、智力低下者、精神病人、囚犯以及经济条件差和文化程度很低者，应当予以特别保护。"不过，此条规定过于抽象，对如何保护还应当具体问题具体分析。

一、未成年人

传统观念认为儿童是研究中容易受伤害的群体，因此应受到特别保护。[2] 因为儿童心智能力尚未成熟，没有充分的决定能力，必须由法定代理人代为决定，这一点完全和自我决定权的保护理念相悖。反对儿童作为受试者的见解认为，儿童不具有同意

---

〔1〕 陈锼雄："人体试验之受试者保护——简评新修正医疗法"，载《法学新论》2010 年第 19 期。

〔2〕 李崇僖："论研究对象选取之正义原则——后基因体时代的新课题"，载《应用伦理评论》2009 年第 46 期。

能力，无法自愿地表达是否参加实验，以其作为实验对象是不人道的。[1] 学者在此仍是强调儿童参与医药研究的风险，反对增加对儿童的研究。[2] 不过赞成者认为，为了预防或治疗先天性疾病，以儿童作为试验对象是必须的，只要禁止恶意或滥用试验即可。[3] 理论界和实务界中均有人指出，例行地排除儿童在医药研究中的参与，往往使我们对于新药的效果研究成果仅对成人有意义，而我们自动地在用药上将儿童使用剂量减量，却未必真的符合儿童的心理需求，因此，应该增加对儿童的医药研究才能真正提供儿童需要的用药剂量。

（一）限制模式

1999 年 12 月 1 日生效的《纽伦堡规则》第一次确立了未成年人参与人体试验的限制模式。但是，该规定过于笼统，相较而言，1997 年欧洲理事会《关于生物医学实施之人权与人性尊严保护公约》对其规范更加细化和完善。该公约第 17 条第 2 款规定对于受试者没有"直接利益"的非治疗性人体试验，原则上禁止欠缺同意能力的未成年人参加。例外的条件仅为：①对于未成年受试者的健康不会有直接影响；②如果以有同意能力者做试验，将无法取得对照疗效；③未成年受试者没有拒绝；④研究结果有助于治疗该未成年人受试者本身的疾病、其同年龄层次的人、患有相同疾病或者有相同症状的人；⑤受试者只需要承担最低的风险。

美国国家卫生研究院（NIH）1998 年颁布的政策中鼓励将儿

　　[1]　曾淑瑜：《医疗伦理与法律15讲》，元照出版有限公司2010年版，第214页。

　　[2]　李崇僖："论研究对象选取之正义原则——后基因体时代的新课题"，载《应用伦理评论》2009年第46期。

　　[3]　曾淑瑜：《医疗伦理与法律15讲》，元照出版有限公司2010年版，第214页。

童纳入医药研究，以增加对医药效果更周延的理解。[1] 美国 Common Rules 对以儿童为受试者的研究有较为严格的规范，特别要求非治疗性的、对儿童可能产生超过最小风险伤害的研究，只能在某些限定情况下才被准许进行。[2] 需要注意的是，我国的立法者不能满足于对于其他国家制度的模仿，而忽略制度具体技术细节上的差异。

（二）风险利益评估模式

这是将衡量风险与利益作为未成年人参加人体试验依据的模式，它由美国教育、医疗和福利部所编制的"共同联邦政策"（Common Federal Policy，简称 CFP）所创立。美国法在未成年人参与人体试验时，提出了必须对受试者本身有利，或者没有让他们处于无节制的伤害、不适和不便等中的风险的前提。也就是说，未成年人可否参加人体试验，要依据风险利益评估的结果而定。具体分为四个类型：其一，没有超过最低风险的试验，只要符合未成年受试者自愿，经其父母一方允许和机构内审查委员会（Institutional Review Board，简称 IRB）核准，法律不予干涉。其二，超过最低风险且受试者有直接利益的试验，风险和受试者的利益必须平衡，且利益至少和可替代的医疗相当。其三，如果超过最低风险，对受试者又没有直接利益，那么，风险不可超过太多，且试验必须有助于了解或改善受试者的病情，所做出的干扰必须和受试者所接受或即将接受的以及医疗干扰相当，以及父母双方允许。其四，其他不符合上述规定的试验，必须取得联邦卫生福利部（Department of Health and Human Service，简称 DHHS）和 IRB 的核准，并经父母双方允许。

---

〔1〕 李崇僖："论研究对象选取之正义原则——后基因体时代的新课题"，载《应用伦理评论》2009 年第 46 期。

〔2〕 蔡甫昌："医学研究中之知情同意"，载《台湾医学》2009 年第 3 期。

对于最低风险，美国联邦法令 45C. F. R. §46. 102（i）进行了界定，即不超过一般日常生活中所遇到的风险，或者不超过常规医疗检测中所遇到的风险，叫作最低风险。不过，如果界定为"不超过一般日常生活中所遇到的风险"和"不超过常规医疗检测中所遇到的风险"，依然没有明确。

（三）监护人决定模式

该模式是指未成人参与人体试验必须取得具有代表资格（通常是其父母）的意思决定。这主要是源于父母等近亲属应当承担保护未成年人的义务。不过，我国《药物临床试验质量管理规范》第 15 条规定，儿童作为受试者，必须征得其法定监护人的知情同意并签署知情同意书，当儿童能做出同意参加研究的决定时，还必须征得其本人同意。而英国《人体组织法》中，关于小孩的同意书部分中规定：不管小孩本身有无实际决定的能力，都必须有亲属或监护人同意，而在签署同意书时，必须要有小孩本人的签署及至少一名见证人，或是在小孩指示下的签署及至少一名见证人。[1] 据此，英国《人体组织法》该条文彰显的意义在于保障受试者的参与权，未成年人为受试者时，不论其是否能够理解被告知的事项，研究者均应进行告知。因为受试者虽无法理解，但是通过研究者的告知义务，仍然可以保障受试者的参与权。而美国学者麦考密克甚至提出，父母可以直接推测未成年人的意愿。[2] 然后，该国学者克拉克补充说，父母帮助衡量的模式可以培养未成年人的利他精神，借此教导和发展其仁慈的性格，而利他精神很难存在于理智尚未健全的未成年人身上，只能

---

〔1〕 陆希平："英国人体组织法对研究的冲击"，载《医事法学》2005 年第 1~2 期合订本。

〔2〕 Lainie R., In Defense of the Hopkins Lead Abatement Studies, *Law Medical &Ethics Journal*, 2002（5），p. 53.

由其父母引导。[1]

不过，一方面，在极少数情况下父母可能为了利益而伤害未成年人受试者权益。虽然很少出现，但是不能完全排除此种情形。另一方面，也是最主要的，便是父母可能会错误地衡量人体试验的有效利益。为此，英国《心智能力（2005）》确立了"最佳同意"原则，要求参与人体试验的未成年人的父母在衡量试验利益时，必须考虑：①未成年受试者是否可能在未来获得做决定的能力；②允许和鼓励未成年受试者参与；③受试者的愿望与感受；④其他相关人的意见；⑤应对质疑作出合理解答；⑥最小限度的干预。[2]

因此，针对未成年受试者，该告知行为在受试者无法理解其意义时，似乎是无效之告知。不过作者认为，研究者仍然应当采取较易理解的方式与受试者沟通，纵然受试者无法理解全部，研究者仍应尊重受试者的意见，然后综合法定代理人行使同意权及至少一名见证人的见证等要件，来保障未成年受试者的权利。当然，考虑到未成年人的理解与表达意愿的能力是随着年龄与智力的发展不断变化的，保障未成年受试者自我决定权的方法也必须随之而改变。如美国保护生物医学和社会科学人类受试者国家委员会即要求对于6周岁以上的未成年受试者，都必须获得其"愿意"。只是，保障这一类型未成年受试者自我决定权的方法是不同的。美国国立卫生研究院（National Institutes of Health）提出了以下指导方针：①对于6~7周岁的未成年人，必须做一个简单的口头描述，并且获得其口头的"愿意"。这个过程会被记录到知情同意表格，并要求见证人签名。②对于8~13周岁的未成

---

[1] Randall C., "Speed, Safety and Dignity: Pediatric Pharmaceutical Development in an age of Optimism", *U. Chi. L. Sch Roundtable*, 2002（9），p. 28.

[2] 赵银仁、刘超："医疗中的代为同意——英国《心智能力法2005》的启示"，载《医学与哲学》2008年第9期。

年人，必须以通俗易懂的方式向其做一个更完整的口头描述，并获得其口头同意。该过程同样会被记录到知情同意表格中，并要求见证人签名。③对于 13 周岁以上的未成年人，则必须获得该未成年人及其父母的书面同意，并使用与未成年人年龄与背景相适应的文件格式。

不过，尽管年龄是确定未成年受试者自我决定能力的较为适当的标准，但是该受试者的读写能力与心智发展也必须被加以考虑。获得未成年"自我决定"参与试验的方法应当具有灵活性，因为以单一的方法来获得"自我决定"可能不适合所有潜在的参与者，研究者可能需要对不同的参与者准备使用不同的方法；在任何行使自我决定权的过程中，更多地关注受试者是否能够理解研究者的解释。在口头同意中需要见证人，是由于研究的复杂性和参与者的风险。而且，父母或监护人不能作为未成年人口头"愿意"的见证人。[1]

（四）总结

需要明确的是，即使在限制模式下，也应承认未成年受试者参与人体试验的例外情形。该例外需要符合的前提条件是：①参与者必须是本身具有试验需求的未成年人；②试验的最低风险远远小于目前面临的健康困境；③家长与可以表意的未成年人都表示知情并认可；④有对照组具有的不可替代性。同时，在例外情形的规定中还可以借鉴风险利益评估模式，伦理委员会应当对未成年受试者受试时的情感予以评估，包括被试者在试验中可能承受的痛苦、焦虑、不安等情绪，被试者自我价值感的侵蚀，即沦为工具的潜在意识影响；以及将来可能对未成年受试者产生的其

---

〔1〕　PennState University：The Office for Research Protections, IRB Guide 1, Page4, https：//www. research. psu. edu/policies/research-protections/irb/documents/guide1. pdf. 2013-01-20.

他影响。[1]

因此，以上三种模式体现了未成年人参与不具有治疗性的人体试验时，各国都不是简单地以代理人同意作为参与试验的条件，而是以保障未成年人利益为中心，辅以风险利益评估和双重同意，甚至直接从立法上排除其参与，该立法的谨慎性和对细节的注重完美地体现在了法律文本中。这也给予我们更多的启示，就是在该问题上，可以通过对上述三种模式的借鉴，采取更加具体的立法，以取代当前简单的混同式立法，最大限度地实现对未成人受试者健康权的保护。

因此，我国也应当在人体试验中对于未成年人进行更为具体的规定：首先，对6周岁以上的未成年受试者引入"未成年人知情愿意加监护人知情许可"的"双重同意模式"，建立未成年受试者知情愿意的见证人制度，按年龄段与心智发展水平分别采用与其理解能力相适应的方式对其进行说明，获得未成年受试者的肯定性回答，并同时获得监护人的知情许可，方可以其作为受试者参与人体试验；其次，对于未满6周岁的未成年人，由于其一般无法理解试验的相关信息，无法有效表达自己的意愿，因此可以采用"未成年人知情不拒绝加监护人许可"模式，即应当以学前儿童所能理解的语言告知未成年受试者，并且未成年人"未为拒绝"，并由见证人签名见证，同时获得监护人的许可，方构成有效的知情同意；最后，对于所有的未成年人同意参与的人体试验，都必须符合"未成年人的最佳利益"的标准。因为获得了"未成年人知情愿意（不拒绝）加监护人知情许可"的知情同意并不意味着试验就获得完全的正当性，正如美国马里兰上诉法院就格兰姆斯诉肯尼迪·克里格研究所一案所述："健康的孩子们不应该被唆使生活在可能导致污染的住房，并且，父母是否

---

〔1〕　［加］L. W. 萨姆纳：《权利的道德基础》，李茂森译，中国人民大学出版社2011年版，第169页。

被不当的小饰品、食品券、金钱或其他物品所引诱，他们没有权利故意地、不必要地把儿童放在有潜在危险的非治疗性的研究环境中，研究者也一样没有这一权利。在这种情况下，父母的同意，无论如何告知，都是不够的。"[1] 未成年人相较于成年人，其身心、智力都不够成熟，不具备如成年人对同样的人体试验所具备的自我决定能力，因为他们几乎不能掌握研究的本质和对他们可能造成的危害。另外，因为他们的身体还没有完全发育，让未成年人承受可能使他们的生活恶化的风险似乎是错误的。他们处于相对依赖的位置，依靠成年人为他们的生存和发展提供条件。允许儿童成为对他们有潜在危害的治疗的对象，这几乎是一种对信任的背叛。[2]

二、成年精神障碍患者

作为民法的重要制度，行为能力以理性为基础，而成年精神障碍患者因为自知力的欠缺，一直被视为"疯癫"和不理性的人，其在处理日常生活、医疗决策、财产管理等方面的权利往往直接被限制或剥夺。行为能力制度设计的初衷，是保护智虑不周的群体，"行为能力的法律规则赖以建立的保护主义的思想，得到了举世公认的高度评价"。[3] 然而，现代精神医学发现，成年精神障碍患者仍有残余意思能力，且因疾病和病情的不同而存在差别。随着现代社会从形式民法到实质民法的转变，民法更加关

---

〔1〕　Grimes v. Kennedy Krieger Inst. ，782 A. 2d 807，844（Md. 2001）.

〔2〕　［美］罗纳德·蒙森：《干预与反思：医学伦理学基本问题〔二〕》，林侠译，首都师范大学出版社2010年版，第734、736、750页。

〔3〕　［德］康拉德·茨威格特、海因·克茨："行为能力比较研究"，孙宪忠译，载《外国法译评》1998年第3期，参见 https：//www. docin. com/p－279423499. html，最后访问日期：2021年10月18日。

怀具体的人。[1] 而行为能力制度仍然沿用"一刀切"的方法，将成年精神障碍患者定型化为限制行为能力人，这种做法既无法满足现实司法的需要，也无法为该类患者提供应有的保护，可能使得一些具有部分意思能力的患者被迫接受非自愿的治疗。2018年2月1日，最高人民检察院印发的《人民检察院强制医疗决定程序监督工作规定》提出坚决防止和纠正犯罪嫌疑人"假冒精神病人"逃脱法律制裁和普通人因"被精神病"而错误强制医疗，因此，如何通过对成年精神障碍患者行为能力的研究，探讨其能否接受及何时应当接受人体试验，是目前亟待解决的问题。

（一）成年精神障碍患者行为能力的复杂性

成年精神障碍患者的行为能力十分复杂，因此，在 20 世纪末德国《成年监护法》修订的过程中，精神医学学者 Werner Mende 提出新的能力概念，认为成年精神障碍患者法律保护范围的决定与特定医学上的疾病概念必须相连接。应该了解人的自己决定能力的相对性，精神障碍患者完全丧失自己决定能力是少见的，而精神正常者自己决定的可能性也或多或少受到限制。

精神医学的分类与诊断最近 40 年发展很快，1950 年以前，诊断不仅不可靠，而且同一名称的诊断在不同地区也有不同的意义。直到 20 世纪 60 年代，世界卫生组织（WHO）集合超过 30 个国家进行了一项大规模的跨国研究，目标是针对改善精神医学中混乱的诊断和分类系统，以促进精神疾病诊断和分类的可靠性。因此有了国际疾病分类（International Classification of Diseases，ICD）的问世，目前的最新版本是第 10 版（以下简称 ICD-10）。美国精神医学会制定了《精神障碍诊断与统计手册》（Diseases and Statistical Manual of Mental Disorder，DSM），当前的版

---

〔1〕 ［日］星野英一：《私法中的人》，王闯译，中国法制出版社 2004 年版，第 50 页。

本是 1994 年的第 4 版（以下简称 DSM-4）。[1] 我国精神医学的《中国精神障碍分类与诊断标准》第 3 版（CCMD-3）符合中国国情，同时也注意与国际接轨，分类和诊断标准注意了科学性、可操作性和相对稳定性，对于指导临床诊断和治疗精神疾病具有重要的价值。它的分类主要向 ICD-10 靠拢，但因 ICD-10 有不尽满意之处，某些精神障碍或亚型在国内有继续保留或增添的必要；或者根据我国的社会文化特点和精神障碍的传统分类，某些精神障碍暂不适合于国内，如 ICD-10 的 F52.7 性欲亢进、F60.31 边缘性人格障碍、F64.2 童年性身份障碍、F66 与性发育和性取向有关的心理及行为障碍的某些亚型、F68.0 出于心理原因渲染躯体症状、F93.3 同胞竞争障碍等未纳入其中。而且，CCMD-3 的分类兼顾病因病理学分类和症状学分类，分类排列次序服从等级诊断和 ICD-10 分类原则，国内争议多、一时难定的分类，暂归第 10 类"其他精神障碍和心理卫生情况"。前九类精神疾病分别是：器质性精神障碍，精神活性物质或非成瘾物质所致精神障碍，精神分裂症（分裂症）和其他精神病性障碍，心境障碍（情感性精神障碍），癔症、应激相关障碍、神经症，心理因素相关生理障碍，人格障碍、习惯与冲动控制障碍、性心理障碍，精神发育迟滞与童年和少年期心理发育障碍，以及童年和少年期的多动障碍、品行障碍、情绪障碍。这十种分类下又有多种亚型，不同亚型之间的症状和诊断标准也不尽相同。如"心境障碍（情感性精神障碍）"中"躁狂发作"和"持续性心境障碍"的医学上的社会功能损害程度明显不同，前者病情轻的具有完整的社会功能或社会功能仅有轻度损害，病情严重的则可能出现幻觉、妄想等症状，社会功能受到较重的损害，或者给他人造成危险或不良后果；而后者即便是严重情况下，社会功能受损也

较轻。而每个疾病发展的不同时期，患者的辨认能力或者意思能力也不尽相同。如"器质性精神障碍类"下的阿茨海默病（俗称"老年痴呆"）分为"老年前期型""老年型"和"非典型或混合型"，其中"老年型"起病呈现非常缓慢的进行性发展，早期的社会功能基本不受影响，而晚期可能受到严重损害。[1]

而且，不少精神障碍患者在某个或某些方面的病理症状上显示为无行为能力，但在其他方面却有完全的行为能力，这一研究结果用民法上的类型化标准是无法涵盖的。[2] 行为能力定型化的制度安排，无视成年精神障碍患者在某方面残存的完全意思能力，其实质就是对心智上弱者自我决定权的弱化和过分限缩。同时，行为能力制度作为一种可反驳的推定制度，[3] 在我国司法实践中是一种"丧失行为能力"的推定，而不是国际社会普遍的"具有行为能力"的推定。英国 Mental Capacity Act 2005（《意思能力法》）遵循五大原则，即能力推定原则、自己决定原则、维持决定原则、最佳利益原则和最少干预原则。其中能力推定原则指的就是，每一个成年人均有权利自行作出决定，在被证明无能力前，应推定有能力作出决定。[4] 美国立法也将患者的决策能力定义为，患者拥有的尽管不完整，但是能理解和欣赏建议的医疗后果，沟通对他们的偏好进行选择的能力。[5] 实践

---

〔1〕 中华医学会精神科分会编：《CCMD-3 中国精神障碍分类与诊断标准》，山东科学技术出版社 2001 年版，第 47~50 页。

〔2〕 李从培主编：《司法精神病学》，人民卫生出版社 1992 年版，第 109~110 页。

〔3〕 张力："'公民'视角下自然人权利能力与行为能力的制度重述"，载《广西社会科学》2006 年第 10 期。

〔4〕 Mental Capcity Act 2005, https://assets. publishing. sevice. gov. uk/goverm-ment/uploads/syst, p. 19.

〔5〕 Idaho Code 39-4302 (1998). (Any person of ordinary intelligence and aware-ness sufficient for him or her generally to comprehend the need for, the nature of and the sig-nificant risks... is competent to consent...)

中主张，病人之间存在有能力和无能力之间波动的情形，不能因此否认其做出医疗决定，包括接受维持生命的医疗护理的机会。[1]

长期以来，我国成年精神障碍患者甚至未经宣告就被"默认"为无或者限制行为能力人，不仅其各项财产权利被剥夺或限制，其身体、健康和生命享有的自我决定权利也被剥夺或限制。"非自愿"医疗中频现的"被精神病"等问题，便是这一弊端的集中体现。《拿破仑民法典》所确立的禁治产人制度和大革命带给法兰西民族的自由、平等和博爱的理念相悖，它用机械性的规定排除精神障碍患者的个人自由与人格尊严。同样，我国的行为能力制度同样难以适应现代社会人权保障的要求，也不利于成年精神障碍患者融入正常的社会生活。

（二）成年精神障碍患者参与人体试验的可行性

随着人权保护理念的进步和精神医学的发展的提高，成年精神障碍患者参与人体试验已经具有了可行性。

1. 人权保护理念

人权运动是现代重要潮流之一，但是到目前为止，大多数还是在政治层面，即人民向统治者争取权利。随着世界各国对弱势族群人权的重视，国际组织对精神障碍患者的基本人权保障也有了更进一步的建议。过去对成年精神障碍患者存在着"污名化"，所以，人权运动中对他们人性尊严的确认和尊重是极为重要的组成部分。人性尊严被称为基本人权的核心范围，是其他各种人权保障的根基所在。人性尊严的核心内容包含两个方面：一

---

〔1〕　In re Quakenbush, 383 A. 2d 785（1978）. The case involved a seventy-two years old recluse who was an objector to medical care for forty years. In deciding the competency issue, the court relied on two psychiatrists and a visit by the judge. The court held that the patient was capable of exercising informed consent to have the operation on his leg.

是人在自己自由权利范围内，有自治自决的高度自主性；二是人不能成为纯粹客体，不论是依自由意志或他意，人都不能被工具化、物化、商品化。定义人性尊严的方式，以"客体公式"为代表。所谓客体公式即指，凡是具体的个人被贬抑为客体、纯粹的手段或是可任意替代的人物，便是人性尊严受到侵犯。也就是说，客体公式是从侵害事件中所为的人性尊严消极性、反面式的定义，凸显人性尊严保护的防护性格，强调当事人不再成为国家行为的目的，而成为手段、客体时，人性尊严便是受到了侵害，如使之为奴、酷刑、剥夺最低生活水准等。[1] 客体公式的主张是植根于康德关于"人是理性、自决的主体，不得加以物化与客体化"的观点。据此可以说，每个人对于自己都拥有自主与自决的权利，而且这一权利不受任何外力的强制、侵害或贬损。

维护人性尊严的首要意涵，便是肯认每个人均为自主、自决的独立个体，每个人都代表一个具体存在的意义体，任何一个具有生物性、物理性存在的人都不存在"不是人"的可能，也不会有任何一个具有生物性、物理性存在的人，在某种情况下丧失其作为人的尊严与价值，婴儿、精神障碍患者、弱智甚至几乎没有能力与外界进行沟通或进行起码心智发展的病人，都享有不容置疑的人性尊严。由于每个人都是以不容反对的主体地位存在，对于自身拥有自主与完整性支配的结果，自然蕴含着没有人有权宰制他人、因而将他人客体化，每个人均有自主、自决的权利，此意味着一个人的本身便是其存在的目的，任何一个人不应当因为要成就他人的目的而被利用，尤其不能被贬抑为纯粹受国家行为支配的客体，这些行为都是对人的主体性的根本的迫害。若以贬抑、施以烙印、追捕、蔑视或类似的侮蔑等方式，将一个人当成物品对待，便构成了对其人性尊严的迫害。

---

[1] 李震山：《多元、宽容与人权保障——以宪法未列举权之保障为中心》，元照出版有限公司2005年版，第139、149页。

人性尊严是根植于"人"的存在而形成的价值，所以每个代表和展现这一价值的具体的个人，都有权利主张自身尊严应当受到尊重和保障，每一个人的人性尊严都是不能处分、不能放弃、也不会丧失的绝对价值。所有国家权力都必须服从于尊重人性尊严原则的要求，禁止以刑罚或其他制裁手段侵害人民所享有的人性尊严保障，更须进一步地经由其统治力诫命自然人也不得侵犯其他人的人性尊严，即禁止一切将他人"物化""客体化"的侵害行为。因此，之前将成年精神障碍患者送上愚人船进行驱逐等行为，不经本人同意强行将其送入精神病院的行为，均是将成年精神障碍患者作为纯粹的客体和手段，已有侵害其人性尊严的可能，因此国家基于保护人性尊严，有加以防范的义务。

而且，随着人权理论的发展，功利主义的人权观逐渐受到质疑。功利主义者认为，如果个人利益与全社会的利益相比较，全社会的利益大于个人利益的话，那么为了更大的社会利益而牺牲较小的个人利益就似乎顺理成章了。罗尔斯认为，"每个人都享有建立于正义基础之上的不受侵犯的权利，即使是为了整个社会的利益也不能将其践踏"。[1] 人人在面临选择时都有犯错误的权利，这一错误在外人看来可能对于行为主体而言是明显不利的，但只要这一错误未曾触犯不得妨碍他人的铁律，他就天然地享有不受强横干涉的权利，哪怕这一干涉是出于最可尊敬的悲悯之心，充满了宝贵的牺牲精神和十二万分的无可置疑的善意。动机是否良好不应干扰我们对权利是否受到侵犯、意志是否遭到强制这一事实的判断。当然，这种不利是外在于主体的判断，对主体而言不存在这一概念，因为从终极意义上讲，每个人都有一个潜在的理论全息体，不会故意令自己不利。这就是"不利选择

〔1〕 Rawls, J., *A Theory of Justice*, Mass, Cambridge: Harvard University Press, 1971, p. 3.

权"，它是自由权最精义的部分。[1] 既然每个人都可能做出不利于自己的选择，但是依然能够得到其他人的尊重，那么，精神障碍患者同样对自己是否接受治疗、是否住院等行为，享有在自己决定能力范围内行使自我决定的权利。

英国学者柏林（Isaiah Berlin）将自由分为消极自由（negative freedom）和积极自由（positive freedom）。前者是指主体不受别人的干涉的自由，后者是一种以做自己主人为要旨的自由。[2] 他认为，人类的经验中存在两个自我，一个是理想化的、真实的自我，一个是非理性的、追逐欲望和行乐的自我。前者是较高层次的本性，而后者是较低层次的本性。一个人要达到理想化的自我，必须受到严格的约束。同时，如果将两个自我扩大，真我可以被视为某种组织、国家或社会，而非理性的我则是社会的成员。那么，真我可能会以正义或健康的名义，强加给"非理性"的成员，从而使他达到更高层次的自由。[3]

在对待成年精神障碍患者的行为能力问题时，同样不能仅仅因为维护交易安全或者保护心智孱弱者的所谓"真的自我"的利益，而简单地将他们直接作为无行为能力人或限制行为能力人，而应尊重其不利选择权，对其行为能力进行更为弹性的规范。因为关于何为"真的自我"，不同的思想流派可以施加不同的规定，可以是理性、感性、某些超人性的东西、审美、历史、国家等。如果我们的行动不符合卢梭的"公意"，不符合黑格尔的理性，不符合尼采的超人，不能认识历史的必然性，不像萨特那样自我实现，那么我们就不是自由的。柏林认为，人类的目标

〔1〕 张栋："论人权的绝对性与相对性——以不利选择权为例"，载徐显明主编《人权研究》（第 2 卷），山东人民出版社 2002 年版，第 71 页。

〔2〕 ［英］赛亚·柏林："两种自由概念"，载《公共论丛（第一辑）》，生活·读书·新知三联书店 1995 年版，第 201 页。

〔3〕 ［英］赛亚·柏林："两种自由概念"，载《公共论丛（第一辑）》，生活·读书·新知三联书店 1995 年版，第 211~213 页。

不止一个。许多目标不仅无法用同一个标准来衡量和比较，有些目标甚至还可能不断发生冲突；那些企图用同一个标准，对所有价值加以审视，并最终决定出哪种价值最高的论调，都是对人类自由选择的否定。

2. 正常化的思想

在人权运动的推动下，包括精神残疾在内的残疾人等弱势群体的保护逐渐成为国际社会关注的重要领域。[1] 丹麦的班克·米克尔森提倡，"应当让残疾人、精神障碍者和普通公民一样，享有同等的生存权利，让他们的生活条件和生活方式尽可能地接近普通市民"。1968 年 2 月，在美国召开的"关于精神迟滞问题总统委员会"的报告中，麦克特·缪勒第一次用英语将正常化定义为"normalization"，确立了正常化，即"保障精神迟滞者，尽可能使他们日常的生活类型和状态与成为社会主要潮流的生活模式相接近"的理念。[2] 这意味着各类身心障碍者，不能因为身体或心理的残疾而被隔离在社会（社区）之外，隔离在各类经济、文化和其他领域的社会活动之外。只有这样平等无歧视地对待正常人和各种身心障碍者的社会才是"正常"的。

"正常化"的内涵下，还包含着精神障碍患者从医疗机构向社会的复归，于是，20 世纪中叶，开启了"去机构化"运动。当然，"去机构化"的最初原因在于，19 世纪到 20 世纪中叶，精神障碍患者集中于大型精神医院导致集中化、理性化和科层化的结果，逐渐形成了机构僵化的局面。医院系统恶化，医院人口无限膨胀，照顾品质低落，患者无法获得良好的照顾，最终"监

---

〔1〕 李林："国际人权与国家主权"，载《中国法学》1993 年第 1 期。

〔2〕 〔日〕山口薫、金子健：《特殊教育的展望》，刘富庚等译，辽宁师范大学出版社 1996 年版，第 51 页。

禁"成为控制精神障碍患者的主要方法。[1] 为了改变这一局面，致力于链接患者与社会，以建立一个共存、共生社会为最高宗旨的"去机构化"运动展开。1991 年，联合国总会决议通过《保护精神障碍患者和改善精神保健原则》的原则七，强调了社会复归的意旨，即"每个患者均有权选择尽可能在自己生活的社区内接受护理和治疗；如果确实需要在精神病医院内进行，患者有权选择在尽可能靠近自己住所或亲属、朋友的住所的医院，并尽快返回社区。每个患者都有权以适合自己文化背景的方式接受治疗"。原则九之四提出，"对每个患者的治疗应以保护和提高个人和自主能力为宗旨"。

正常化思想认为，精神障碍患者在参与社会生活时遇到各种障碍都是对他们人权的侵犯。他们主张，行为能力制度应该为精神障碍者平等地融入民事生活创造条件，而不是以保护之名行使排斥之实，人为地设定障碍。因此，2006 年联合国《残疾人权利公约》对成年精神障碍患者的法律能力（legal capacity）进行了直接的规范。该公约第 12 条第 2、3、4 项规定："二、缔约国应当确认残疾人与其他人一样在生活的各方面都享有平等的法律能力。三、缔约国应当采取恰当的措施，在残疾人行使其法律能力时为其提供可能需要的帮助。四、缔约国应该保证所采取的一切与行使法律能力相关的措施，都依据国际人权法案提供了恰当、有效和防止滥用的保障。这些保障措施和行使法律能力有关的措施都应当确保尊重残疾人本人的权利、意志和选择，没有利益冲突和不利影响，适应其本人的情况，适用时间尽可能短，并且定期由一个独立、公正的有资质的部门或司法机构复核。同

---

[1] See Gerald N. Grob (2008), "Mental Health Policy in the Liberal State: The Example of the United States", *International Journal of Law and Psychiatry*, No. 31, p. 91.

时，这些保障措施还应当与它们对残疾人个人利益的影响程度相称。"[1] 这里的"法律能力"是一个高度争议的概念，因为它在不同的语言中有不同的含义，而且不少国家明确区分了行为能力和权利能力。我国曾要求对此进行中文版本的脚注，希望能够明确表明其指的是"权利能力"，而非法律能力，不过，该要求被国际残疾联盟（International Disability Coalition，IDC）强烈反对。[2] 也就是说，法律能力包含权利能力和行为能力。我国2008年签署了该公约后，便应当遵守该条约的规定，对成年精神障碍患者的行为能力制度进行适当的调整，进而对其参与人体试验的自我决定权利进行调整。

3. 医疗技术的发展

在古希腊，虽然有医师看护"疯子"的医学册子，但是精神疾病通常被认为是鬼神作祟，僧侣巫师祷告和驱邪仪式是主要的治疗手段。[3] 此时期，法律上将精神障碍患者视为完全无能

---

〔1〕 See "Convention on the Rights of Persons with Disabilities" Article 12 – Equal Recognition before the Law, '1. States Parties reaffirm that persons with disabilities have the right to recognition everywhere as persons before the law. 2. States Parties shall recognize that persons with disabilities enjoy legal capacity on an equal basis with others in all aspects of life. 3. States Parties shall take appropriate measures to provide access by persons with disabilities to the support they may require in exercising their legal capacity. 4. States Parties shall ensure that all measures that relate to the exercise of legal capacity provide for appropriate and effective safeguards to prevent abuse in accordance with international human rights law. Such safeguards shall ensure that measures relating to the exercise of legal capacity respect the rights, will and preferences of the person, are free of conflict of interest and undue influence, are proportional and tailored to the person's circumstances, apply for the shortest time possible and are subject to regular review by a competent, independent and impartial authority or judicial body".

〔2〕 U. N. Enable, "Statements made on the Adoption of the Convention on the Rights of Persons with Disabilities", International Disability Caucus, https: //www. un. org. /esa/socdev/ enable/convstatemen gov. htm#idc (last visited Sept. 30, 2015).

〔3〕 潘志华："中西方精神病学史比较及启发"，载《残疾人研究》2013年第1期。

力人无可厚非。中世纪的欧洲，由于宗教神权的统治，精神错乱常被视为恶魔的杰作，由撒旦策划，并由女巫与异教徒撒播到各地。[1] 文艺复兴时期，精神病人遭到驱逐和禁闭是最普遍的。对有危险性的精神障碍患者，法国路易十四于 1656 年颁布的《总医院条例》还允许监理人使用"火刑柱、镣铐、监狱和地牢"。[2] 19 世纪开始，国外精神病学得到了迅速的发展。精神病学家提出了各种治疗方法，打破了精神疾病不可治疗的观念。近代精神医学蓬勃发展，大量临床心理学者进驻精神病院，从事患者的诊断和治疗工作，逐渐形成了以医院禁闭式治疗为中心的时代。20 世纪，精神病理学大致确立，精神医院大量成立，对于精神疾病治疗方法也不断增多，开始强调患者人权、针对精神疾病起因着重在生物、化学因素。20 世纪 50 年代，生化和制药技术不断发展，药物治疗的出现改变了精神医院整体医疗形态，除了使精神医学往前迈进了一大步之外，也间接促进了社会精神医疗、医院开放化。[3] 1988 年，英国的谢灵顿分子生物学对精神疾病的研究已深入到遗传基因领域，该研究结果表明精神分裂症是多种基因遗传和基因累加作用的结果，这越发接近对精神疾病根源的揭示。[4]

医学家们逐渐开始了对精神障碍患者认知功能和知情同意能力的研究，主要有传统经验评估与现代工具评估两种方法。前者是指医生根据自己掌握的医学知识与以往的经验，而不通过其他

〔1〕 [英] 罗伊·波特：《疯狂简史》，巫毓荃译，左岸文化出版社 2004 年版，第 33~38 页。

〔2〕 [法] 米歇尔·福柯：《疯癫与文明》，刘北成、杨远婴译，生活·读书·新知三联书店 2003 年版，第 54 页。

〔3〕 Richard Lamb (1994), "A Century and a Half of Psychiatric Rehabilitation in the United States", *Hospital and Community Psychiatry Vol. 45 No.* 10, pp. 1015-1018.

〔4〕 潘志华："中西方精神病学史比较及启发"，载《残疾人研究》2013 年第 1 期。

外在的辅助性评定工具或设备；后者则是根据患者所做的决定与选择的信度对患者同意能力进行判断的方法。这一评估方式简便易行，而且把精神分裂症患者作为人格上与正常人平等的个体看待。例如，在精神分裂症患者进入门诊或住院接受治疗时，医生通过对患者进行观察，以及与患者、患者家属或陪护人的交谈来获取相关的信息，并将该信息与以前的经验进行对比分析，先直接确定患者所患的疾病，在此基础上再来判定患者的知情同意能力。[1] 在医生具有较为丰富的经验，掌握的相关信息较为全面，而且疾病的特异性比较明显的情况下，这种评估方式确实能够较为有效地判断患者的知情同意能力，从而合理地保护患者的权益。

不过，经验评估存在一定的主观性缺陷。为此，精神医学科研人员研发出了工具评估（或称为问卷评估）的方式。这种评估方式是通过培训专门的医生或研究人员，让其运用相关的量表或调查问卷等工具，评定患者知情同意能力的信度。Roth 等即对美国存在五种不同的知情同意能力评定标准进行了总结，并主张临床中应根据不同情形和要求来选择不同的评定标准。[2] Appelbaum 等设计出 CQ（Competency Questionnaire）用以评定患者对于精神科住院的知情同意能力。[3] Roth 等推出 TPCF（Two-Part Consent Form）问卷评定患者对 ECT 的知情同意能力。[4]

---

〔1〕 刘庆海等："知情权和选择权在精神分裂症急性期住院的应用研究"，载《精神医学杂志》2008 年第 2 期。

〔2〕 Roth L. H. , Alan Meisel, Lidz C. W. , "Test of Competency to Consent to Treatment", *Am J. Psychiatry*, 1977, 143（3）: 279-284.

〔3〕 Appelbaum P. S. , Mirkin S. A. , Bateman A. , "Empirical Assessment of Competency to Consent to Psychiatric Hospitalization", *Am J. Psychiartry*, 1981, 138: 1170-1176.

〔4〕 Roth L. , Lidze C. W. , "Competency to Decide about Treatment or Research: an Overview of some Empirical data", *Int J. Law Psychiatry*, 1982, 5: 29, 50.

现代工具评估文字表达精确、格式规范、条目分明；症状标准、严重标准、病程标准、排除标准都予以详细说明；其流程性还增加了患者的话语权。比如麦克·阿瑟临床研究与治疗能力评估工具总共 22 项，萨克斯研发的加利福尼亚理解能力评定量表（California Scale of Appreciation，CSA）共 13 个封闭式问题和 5 个开放式问题。工具评估的方式，既能够有效避免医生经验判断上的道德风险，又可以尊重精神障碍患者的人格尊严，有效实现其残存的行为能力。

（三）成年精神障碍患者参与人体试验的法律规范

《德国民法典》以立法的形式固定了历史法学派的研究成果，确立了"行为能力"的概念并抽象为三类，即完全行为能力、限制行为能力和无行为能力。精神障碍患者根据病情将其行为能力分为"限制"（准禁治产）和"无"（禁治产）。从立法技术来说，《德国民法典》是建立在概念推演的基础上，而不是建立在社会现实生活基础上的。这种以抽象概念为基础的立法，过于强调法律的科学性、逻辑性和体系性，从开始就遭到了批评。茨威格特·克茨认为，这种以"概念计算"（rechnen mit Begriffen）来代替对社会生活的现实进行审慎观察的法律思维方法，只能存在于倚重学理、脱离实际的法学家起决定性作用、实务法学家发挥作用很小的法律文化之中。[1] 不过，立法必须与不断发展的客观实践相符合，应当及时准确地回应和保护社会的积极需求或社会进步的成果。因此，不应当过于迷信《德国民法典》潘得克吞体系的精致，而应当运用新的立法技术，结合医学发展的成果，积极回应人权保护和对精神障碍患者弱势群体保护的社会需求，对成年精神障碍患者的行为能力制度进行新的构建。

---

〔1〕 周汉华："变法模式与中国立法法"，载《中国社会科学》2000 年第 1 期。

自 20 世纪中叶以来，通过修正对无行为能力和限制行为能力的观念，对无行为能力和限制行为能力的刚性规定有所缓和，以确保他们进行日常交易的权利。大陆法系国家相继修改成年监护制度，废除禁治产、准禁治产制度，虽然在一定程度上为行为能力不足的成年人提供了弹性的保护，但是也造成了其与行为能力制度的冲突。以德国法为例，成年精神障碍患者的行为能力在"法律行为"章"行为能力"节下的规定和"监护"章的规定便有所不同。第 104 条"无行为能力"第 2 款规定，"处于不能自由决定意思的精神错乱状态的人，但以该状态按性质来说不是暂时的状态为限"，第 106 条限制行为能力人的规定中只有已满 7 周岁的未成年人。据此，成年精神障碍患者被划分在无行为能力中。[1] 而"监护"制度中，以"法律上的照顾"代替"禁治产制度"后，"被照顾人"涵盖了"因心理疾病或者身体、精神残疾而完全或部分地不能处理自身事务的成年人"（第 1896 条），监护制度便与行为能力制度不再完全挂钩。[2] 被照管人不再等同于"无行为能力人"，而是由法院按照当事人的具体情况来确定其是否需要照管，以及需要在多大强度、多大范围内接受照管。同时，为了防止被照管人因为自身行为能力受限造成"本人申请"的照管机制被架空，该制度还规定了无行为能力的成年人也可以申请设立照管，也就是说，在此程序中，无行为能力的成年人也有"完全行为能力"。[3] 为避免出现上述国家因部分修改法典所造成的行为能力制度与现代成年监护制度的衔接困难，应当通过立法预测和立法规划，实现法律制度内部的协调与

---

〔1〕《德国民法典》，陈卫佐译注，法律出版社 2010 年版，第 28~29 页。

〔2〕 Helmut Köhler, BGB Allgmeiner Teil, 32. Aufl. , Verlag C. H. Beck, 2008, S. 123, Rn. 7.

〔3〕 ［德］迪特尔·施瓦布：《德国家庭法》，王葆莳译，法律出版社 2010 年版，第 462 页。

统一。

英美法系国家没有"行为能力"的概念，而是采用"积极法律能力"（active legal capacity）和"消极法律能力"（passive legal capacity）来基本对应于大陆法系的"行为能力"和"权利能力"。其已经有效地废除了对无行为能力的监护，而只识别限制行为能力,[1]对其进行类型化的立法，分别就财产管理、同意治疗、个人照护等个别法律行为的"领域性判断能力"进行规范，值得我国加以借鉴。

我国之前的《民法通则》《民法总则》及如今实施的《民法典》对行为能力的规定仍然极为笼统和抽象。一是受到"宜粗不宜细"和"宁疏勿密"立法技术原则的影响，二是与我国民事立法长期借鉴德国法有关。因此，均将自然人分为完全行为能力人、限制行为能力和无行为能力人，后两者可统称为不完全行为能力人。成年精神障碍患者通常被认为或宣告为限制行为能力人或无行为能力人。我国《药物临床试验质量管理规范》第15条规定，对无行为能力的受试者，如果伦理委员会原则上同意，且研究者认为受试者参加试验符合其本身利益时，则这些病人也可以进入试验，同时应经其法定监护人同意并签名及注明日期。但是，并未对限制行为能力人进行明确规范。

实际上，该规定是将财产上的行为能力制度直接移植到人体试验领域。然而行为能力制度的本旨在于降低交易成本与保护交易安全，并不真正关心受试者的自主权与医事决定所需具备的能力，因此，除了混淆医事决定能力与财产决定能力的内涵以外，还导致对于短暂的精神障碍者，只有在能证明精神状态的情况下，才认定其不能自行参与试验，并未要求研究者预先判断。对

---

〔1〕 Paul Varul et al. , "Restrictions on Active Legal Capacity", 9 *Juridica Int'L* 99, 100（2004）, available at http：//www. juridicaintenational. eu/public/pdflji 2004 _ I _ 99. pdf.

于长期精神障碍者，则以是否具备理解与从事财产交易的心智状态为标准，完全剥夺此人一切行为的自主权，显然侵害过甚。由于受试者是否具备同意能力，是一种是否能理解试验资讯并做出理性决定的实际能力，必须依据个案具体判断，精神症状轻微者也可能具备同意能力。然而，其精神状态可能时好时坏，参与试验之初具备同意能力的精神障碍者，在参与试验的过程中随时可能丧失同意能力，其原因除了本身症状的变化以外，不予治疗也是造成其丧失同意能力的重要原因。

欧洲理事会《人权与生物医学公约》和美国马里兰州 307 号法律草案，均提出了尊重精神障碍受试者预先指示的方案。[1] 然而，对于采纳其预先指示的主要疑虑在于，很少有人能够知道未来会有什么样的人体试验，因此难以预先指示参与。[2] 然而，精神障碍者的病情与同意能力处于浮动不定的状态，而且一些精神疾病患者即使已经痊愈仍具有复发的可能。因此，对于一个曾经丧失心智能力而目前已获得良好控制的人而言，预先安排疾病复发时的处置方式，并非毫无可能，此种情况下，尊重其明确的预先指示，似乎较能保障受试者的自主权。只是对于这样的预先指示，必须严格审核认定，以免有害精神障碍者的安全。

---

[1] 《人权与生物医学公约》称之为精神障碍者"先前明示的期望"（previously expressed wishes），参见该公约第 9 条的规定。马里兰州法律草案则称之为"预先指示"（advance directive），see Kendall Ann Desaulniers, supra note 115. 学者 Levine 则称之为"人体试验的生前遗嘱"（researchliving will），see National Bioethics Advisory Commission, Research involving Persons with Mental Disorders That May Affect Decision-Making Capacity, chapter 3（December, 1998）（report and recommendations of the National Bioethcis Advisory Commission, volume I）.

[2] Barry Rosenfeld, "The Psychology of Competence and Informed Consent: Understanding Decision-Making with regard to Clinical Research", 30 *Fordham Urb. L. J.* 173, at 183（2002）.

（四）成年精神障碍患者参与人体试验的决策能力

1. 作为具体权利能力的医疗决策能力概述

德国法近几十年逐渐产生了"具体权利能力"的概念。[1]学者主张，权利能力不必然在任何时候都以全部范围的状态存在，它可以区分为一般权利能力与具体权利能力，然后个体可以享有完整的一般权利能力，仅在某个具体权利能力方面存在欠缺。[2]一般权利能力是指作为权利和义务承担者的能力，与此相区分的是作为特定权利和义务承担者的具体权利能力。[3]我国现行立法中，并没有具体行为能力的内容，相关法律中应当加以补充。不过，基于对德国潘得克吞学派"提取公因式"立法技术的推崇，以及实践中每个法律行为实施前都要进行行为能力的判断会造成司法资源的巨大浪费，也违背了效率原则。因此，在具体行为能力的规范上，应当采取弹性的类型化方式，同时区分财产性法律行为能力和人格性法律行为能力，而医疗决策能力便属于人格性法律行为能力。

将医疗决策能力单独列出已有比较法的先例，《法国民法典》第490-1条规定："采用哪种治疗方式，特别是选择在家治疗还是住院治疗，和适用于民事利益的保护制度无关。"[4]同时，《德国民法典》不仅专门将医疗决策能力单列，还进行了较为系统的规范，该法典第1901a条"病人处分"、1901b条"为

---

〔1〕Heinrichs Ellenberger, Palandtbürgerliches Gesetzbuch, 67. Auflage, C. H. Beck, München 2008, S. 9. Larenz/ Wolf, Allgemeiner Teildes Bürgerlichen Rechts, 9. Auflage, C. H. Beck Verlag, 2004, S. 106.

〔2〕Von Tur, Allgemeiner Teil des Bürgerlichen Rechts, Zweiter Band, Erste Hälfte, Verlag von Duncker &Humblot, München und Leipzig 1914, S. 378.

〔3〕H. P. Westermann, Erman BGB Kommentar, 11. Auflage, Aschendorff Rechtsverlag, Köln 2004, S. 2.

〔4〕《法国民法典》，罗结珍译，北京大学出版社2010年版，第406页。

查明病人意思而进行的谈话"、1901c 条"书面的照管愿望、预防措施的意定代理权",以及 1904 条"在医疗措施的情形下照管法院的批准",对被照管人的医疗决策能力、能力的判断及补正进行了完整的规范。[1]

2. 具体行为能力的判断标准

精神障碍的判断,在医学上固有其具体指标作为判断标准,然而,当鉴定人将医学上的鉴定结果涵摄到法律上的意思能力时,则会涉及鉴定人对法律概念的理解和价值判断。因此,会出现上述相同或近似的精神障碍程度,但得到鉴定人之间不同的法律评价结果。法院应当在精神医学鉴定结果的基础上,综合其他调查结果,做出最终的法律上意思能力或行为能力的判断。医学要件是指明确精神障碍的诊断、严重程度及愈后情况,以及当具体行使某一民事行为时精神障碍者所处的疾病状态。法学标准是指判定精神障碍者在行使某一民事行为对该民事行为的内涵、目的、性质、关系的认识和评价;所陈述的事实和理由是否符合自己一贯的认识标准,不能带有精神病态的观念,即能辨认自己的行为。

日本学者五十岚祯人主张,将意思能力分为功能性能力(functional ability)、临床上能力(capacity)和法律上能力(competency)。功能性能力是指收集信息,加以比较、取舍等意思决定的心理过程必要的精神机能。比较为大家所接受的功能性能力的核心信息要素为:理解能力、伦理性思考能力、对意思决定的状况及后果的认识能力以及表达的能力。该能力由精神医学和心理学通常进行的认知功能评价来判断,前文已述的各类测评工具能够比较精确地测量出患者功能性能力的强弱。临床上能力是由精神医学专家所判定的临床上的意思能力状态,通常是将功

---

〔1〕《德国民法典》,陈卫佐译注,法律出版社 2010 年版,第 539 页。

能性能力连续测评所获得的次元性现象转换为临床上能力的范畴性现象，而设定连续量的阈值，以该阈值为基准作为能力"有"或"无"的判断依据。但是，该能力的判定并非以一般人的平均功能性能力为基准，而是考虑该人的背景因素后，个别地设定其数值，即包含了价值判断的要素，要考虑本人价值观与社会一般价值观的差异。而法律上的能力是由法官判定的法规范上的能力。法律上能力以临床上能力为参考，但应考虑法律的规定。[1]西山诠则将意思能力的判断分为三个阶段：第一阶段，判断是否存在精神障碍，有则判断其种类及程度，由精神医学专家判断；第二阶段，判断是否因为精神障碍而存在辨识能力减轻的情形，有则判断其程度，由精神医学专家判断；第三个阶段，法官参考前两个阶段的结果做出最终的法律判断。[2]

　　这些理论都主张不能纯粹依靠医学性判断，而是先由精神医学专家鉴定或诊断患者的精神障碍状况，在此基础上，进一步要求精神医学专家就其处理自己事务的能力进行判断，最后交给法律专家依据法律制定的目的和精神做出最终的法律上能力的判断。为了能够更好地对成年精神障碍患者的具体行为能力进行判断，作者认为，融合上述两种观点是一个取巧但实用的选择。首先，先由精神医学专家诊断患者是否存在精神障碍、种类及其程度；其次，利用各类测评工具检查精神障碍是否给患者的三种基本功能造成损害及损害的程度；最后，由法院在此基础上进行法律的判断。因为法律本身是由普遍的价值观、知识、甚至时代的经济和政治理念决定的，法律能力的标准是社会关于个人自主和社会秩序的普遍理念的产物，受法律先例约束力的磨砺。正如社

---

〔1〕 〔日〕五十岚祯人："意思能力について精神医学的立场から"，载《民事法と精神医学》2005 年 9 月。

〔2〕 〔日〕西山诠：《民事精神鉴定の実际（追补改订版）》，新兴医学出版社1998 年，第 36～37 页。

会价值观和需求随着时间而改变，行为能力的法律标准也会随之改变。正如一位学者所说："行为能力是价值和环境的转换网络。"[1]

据此，我国对于精神障碍患者的具体行为能力的判断，可以形成下列步骤和标准：

第一，精神医学专家诊断患者的精神障碍类型和程度。此阶段较为单纯，交由精神科医师即可，法官不宜也无法提供意见。

第二，由精神医学专家对患者功能性能力进行判断，即运用各种量表对理解能力、思考能力、对决定结果的认识能力和表达能力加以测评。前文已述，理论研究中国内外已设计出侧重点不同的各类测评工具，作者在对河南省和北京市精神卫生鉴定中心的调研中了解到，目前国内司法鉴定实践中主要运用的还是传统智商测评、脑网络研究认知测评等工具。

第三，由法院进行的法律上行为能力的判断，需要区分管理处分财产的能力和医疗决策能力。①智商在该智力测验的平均值以下二到三个标准差（含）之间；记忆力轻度丧失，近事记忆局部障碍，判断力障碍；社会适应能力轻度障碍或语言功能轻度障碍的，其财产处理能力轻度受限，仅限制不动产处分、信托等特定的法律行为。②当智商在该智力测验的平均值以下三至四个标准差（含）之间；记忆中度丧失，近事记忆困难，判断力障碍；社会适应能力和语言功能轻度障碍，财产处理能力中度受限，应对其婚姻、遗嘱、收养、缔约等法律行为进行限制。③当智商在该智力测验的平均值以下四至五个标准差（含）之间；记忆力重度丧失，近事记忆能力全失，判断力丧失，对亲人的认知功能出现障碍，社会适应能力和语言功能中度以上障碍时，行

[1] Peter Margulies, "Access, Correction and Voice: A Contextual Approach to Representing Senior Citizens of Questionable Capacity", 62 *Fordham L. Rev.* 1073, 1083 (1994).

为能力重度受限，应限制大部分法律行为，但日常生活事务的行为、纯获利益的行为、在法定代理人确定的目的范围内从事的行为除外。

综上所述，由于精神障碍者可能曾经具备同意能力，因此其能力健全时的意思应当获得尊重；此外，其同意能力可能随着病情变化而处于浮动不定的状态，需要特别保护。基于这些特性，作者认为，精神障碍者参与试验应依循或推测其具有同意能力时的自我决定，依据"纯粹的自我决定标准"或"替代的判断标准"代理参与，而非依据其最佳利益。代理人应当由能够知悉其意愿与喜好之人担任，以确保其自主意思获得最大程度的尊重。此外，由于试验过程中的停止治疗程序，可能对精神障碍者造成很大的伤害；且精神障碍者的同意能力处于浮动不定的状态，可以考虑让其监护人全程参与人体试验决策并提供保护，不论精神障碍者参与试验之初是否具备同意能力，如此的制度设计可以保护试验进行中丧失同意能力的精神障碍者，例如借由保护人代理撤回同意或做其他适当处置等。

三、受刑人（被监禁的人）

由于某些试验难以招募到自愿参加的人，在监狱中服刑的人就成了最大的潜在的受试者群体。例如美国、日本等国家，均曾在健康之犯人身上进行核子辐射、药物及新型医疗器材等医学试验，[1] 德国人亦曾因在其俘虏之犹太人身上进行不人道试验，因而开启了纽伦堡大审，建立了纽伦堡宣言。1961 年，作为迄今有关人体试验最重要的国际伦理规范的《赫尔辛基宣言》也规定："羁押于监狱、惩戒所和教养所中的人——所谓的被限制

[1] 曾淑瑜：《医疗伦理与法律15讲》，元照出版有限公司 2010 年版，第 214 页。

自由者——不应作为受试者参与人体试验。"科学研究会以医院、监狱或学校等较为封闭之场所为对象，是因为研究者在此种环境下，可能较为容易去接触或说服（半强迫）研究对象参与研究。[1] 1998 年，美国学者 Allen M. Hombulum 出版了"Acres of Skin"一书，就揭露了在 20 世纪 50～70 年代宾夕法尼亚州 Holmesburg 监狱使用被监禁者作为受试者进行的一系列人体试验。

受刑的人特别被人关注的，是他们的决定能力是否因为身体受到体制的束缚，而受到操控或威胁利诱，或因为遭受监禁、自由被剥夺而产生自我价值的丧失，导致其个人的决定能力受到影响。因为受刑人在人身自由受到拘束之情形下，几乎没有自由意志可言，在诸多压力之下，即便受刑人立下同意书，其是否是出于自愿性的同意，也是值得怀疑的。例如，一般人可能认为参与试验有风险，受刑人可能不这么认为，主要是因为他们衡量利弊得失的能力受到体制之影响，所以，他们的同意不一定有效。[2] 再者，研究者若自受刑人或俘虏之中挑选受试者，则受试者之特性与研究之性质，可能不具备特殊关联性，[3] 只是单纯容易取得受试者罢了，则研究对象作如此之设定，并不符合医学伦理原则中的正义原则，即应公平挑选受试者之伦理规范。美国 HHS 的 IRB Guidebook 指出，除非符合某些条件，否则不得进行以囚犯为受试者之研究，并且还要求研究者必须确保一些事项，如假释单位不会以囚犯个人是否参与过生物医学研究作为是否批准假释的考量标准。[4]

---

〔1〕 李崇僖："论研究对象选取之正义原则——后基因体时代的新课题"，载《应用伦理评论》2009 年第 46 期。

〔2〕 蔡甫昌："医学研究中之知情同意"，载《台湾医学》2009 年第 3 期。

〔3〕 李崇僖："论研究对象选取之正义原则——后基因体时代的新课题"，载《应用伦理评论》2009 年第 46 期。

〔4〕 蔡甫昌："医学研究中之知情同意"，载《台湾医学》2009 年第 3 期。

我国《涉及人的生物医学研究伦理审查办法（试行）》第14条第6项明确规定，对于参加人体试验的囚犯应当特别保护。医学伦理原则中的"公平原则"指研究对象的选取应符合公平正义，试验应该是代表包括受试者在内的大多数人的利益，应使研究产生的利益，在人群中得到合理分配，相对地，可能产生的危险也应该公平分摊到人群中。所以，受刑人既会因试验而获得利益，则其不应被排除在受试者行列之外。摒除被隔离的独特性，受刑人其实与一般具有完全行为能力人无异。所以，本文以为，受刑人既为完全行为能力人，则其自应有成为受试者的能力。但是，基于受刑人心理上的特殊性，研究者施行人体试验之前，应会同相关单位对受刑人进行较一般受试者更为仔细的检查。以人为试验对象的生物医学研究实已侵害人性尊严，研究者更应避免利诱、威吓等方式，使受试者有"非人"的感觉，而加重侵害其人性尊严。同时，研究者也应注意避免被受试者利用。受刑人受监禁后，心理状态及考虑的事项可能会和未受监禁的人有所不同，因此，受刑人参与人体试验的目的是否为借此获得减刑等，或者是着眼于人体试验的不确定性而从中取得利益或不利益等情况，均应当加以注意。

因为历史上发生过对受刑人或俘虏不人道的人体试验，现在对于受刑人可否成为人体试验的受试者，似乎多采取否定的看法。在我国相关法律法规也未规范受刑人成为受试者时，应当特别加以注意。不过，本书以为，除了在感化处所接受感化教育的少年外，受刑人仍然是完全行为能力人。现行法并未针对受刑人制定特殊的告知后同意原则，那么，现在人体试验必须以受刑人作为受试者的时候，仍然应当像对普通完全行为能力人一样履行告知义务，尊重其自我决定权。美国 Common Rule 的第三部分特别对被监禁者作为受试者参与人体试验作出了规定。为了避免被监禁者基于金钱或者减刑假释的不当利诱参与人体试验，Common Rule 规定：试验者不得向被监禁者提供过高的报酬，以免使其受到不当诱惑而忽略了对试验风险的判断。同时，试验者必须明确告知受试者，参与试验不会使其更容易地获得假释。此外，Common Rule 还将允许被监禁者参与的医学人体试验的范围限定在：研究被监禁者作为一个群体所具有的特别状况（例如对于肝炎或者其他在监狱中特别流行的疾病的疫苗试验，以及对于酗酒、滥用药物和性侵犯等社会心理学问题的研究）；对改善受试者的健康和福利具有预期和合理可能性的创新和常规治疗。这两种试验在进行前，都应当经咨询狱政、医院和伦理学专家并通过联邦公报公布，由公众讨论后由健康与人类服务部部长批准方可进行。[1] 不过，这两种可进行试验的类型，由于规定得过于宽泛仍然受到了批评。当然，这样对于受刑人的保护是否充分，依然有讨论的空间。

《奥维多宣言》附加议定书的第 20 条（对被剥夺自由的人试验）所规定的可以以被监禁者为受试者进行的试验范围要小得多。该条规定：当法律允许对被剥夺自由的人进行试验时，如果该试验对于其健康没有直接利益，则只有符合下列特殊条件时试验方得进行：①类似效果的试验在没有被剥夺自由的人参与的情况下无法进行；②试验的目的在于为其他被剥夺自由的人提供利益；③试验只含有最小的风险和负担。也有国家的立法禁止被监禁者参与一切人体试验，如立陶宛《人体试验法》第 5 条第 2 段规定："不得对于受监禁或者其他被羁押的人进行医学试验。"[2] 作者认为，受刑人属于易受伤害的族群，他们的意志极易为人控制，为了避免其成为廉价的人体试验受试者，必须严格限制被监禁者参与人体试验。只有那些对于被监禁者具有直接利

[1]　Common Rule, C.F.R. §46 306 (a) (2) (iii) (iv).

[2]　满洪杰："医学人体试验特殊受试者保护研究——以比较法为视角"，载《东岳论丛》2012 年第 4 期。

益的试验，如患有威胁生命的疾病需要参与治疗性试验的情况下，方可以允许受试者参与试验。对于没有医学上的直接利益的试验，只有在试验只有最小风险时方得进行。

四、孕妇与胎儿

（一）孕妇与胎儿作为人体受试者自我决定权保护的争议

早期国际社会普遍不允许以孕妇作为人体试验的受试者，《人体生物医学研究之国际伦理方针》第 11 条规定，原则上应排除怀孕妇女成为受试者。该条规定，在任何情况下，怀孕或哺乳期的妇女都不应是临床研究的对象，除非该研究对胚胎或婴儿的风险非常低，并且该研究的目的在于获得关于怀孕或哺乳的医学知识。换句话说，该方针主张，不应以怀孕或哺乳期妇女为研究对象，除非研究目的是保护或提升怀孕或哺乳期妇女、胚胎或婴儿的健康，并且非怀孕及哺乳期妇女不适于作为受试者。[1] 后来，为了使怀孕期间的妇女不至于欠缺可供治疗的药物，一些发达国家对育龄期妇女参与人体试验的规定，从早期的完全排除，逐渐改成要求必须将怀孕妇女列入受试对象的看法。

以美国为例，1977 年 FDA 颁布政策，排除所有处于育龄期的妇女参与早期药物试验；1988 年则有条件地使育龄期妇女得以参与早期药物试验，只是执行单位必须事先检附关于安全性与效益性之相关文件；[2] 到了 1993 年，FDA 修订其政策，允许女性参与医药研究，因为怀孕属于当事人可以控制的事情，且对研

---

〔1〕 赖志铭："以人类为受试者之生物医学研究之国际伦理准则"，载《应用伦理研究通讯》2001 年第 19 期。

〔2〕 陈志雄："人体试验之受试者保护——简评新修正医疗法"，载《法学新论》2010 年第 19 期。

究者而言，要诊断女性是否怀孕也相当容易，大可不必过度限制女性参与研究的机会。不仅如此，美国国家卫生研究院（NIH）于1994年更进一步发布政策，要求医学研究须在临床研究阶段纳入妇女及少数族群，除非有相当明确且具有说服力的理由可将其排除，或以该研究可能伤害他们的健康为理由。因此，在人体试验阶段的研究设计上就必须将性别、种族等因素都以一定比例加以考虑，而不可刻意排除。[1] 美国 Common Rules 的 46.204

---

〔1〕 李崇僖："论研究对象选取之正义原则——后基因体时代的新课题"，载《应用伦理评论》2009年第46期。

条[1]中，设有针对涉及怀孕妇女的研究相关保护规范，规定只有在已经适切之动物实验与非孕妇人体试验，并需要以对孕妇健康有益为原则，否则仅限于低风险之试验才允许怀孕妇女参与。[2]

　　我国《涉及人的生物医学研究伦理审查办法（试行）》第

---

　　[1]　§ 46. 204 Research involving pregnant women or fetuses: Pregnant women or fetuses may be involved in research if all of the following conditions are met: (a) Where scientifically appropriate, preclinical studies, including studies on pregnant animals, and clinical studies, including studies on non-pregnant women, have been conducted and provide date for assessing potential risks to pregnant women and fetuses; (b) The risk to the fetus is caused solely by interventions or procedures that hold out the prospect of direct benefit for the woman or the fetus; or , if there is no such prospect of benefit, the risk to the fetus is not greater than minimal and the purpose of the research is the development of important biomedical knowledge which cannot be obtained by any other means; (c) Any risk is the least possible for achieving the objectives of the research; (d) If the research holds out the prospect of direct benefit to the pregnant woman, the prospect of a direct benefit both to the pregnant woman and the fetus, or no prospect of benefit for the woman or the fetus when risk to the fetus is not greater than minimal and the purpose of the research is the development of important biomedical knowledge that cannot be obtained by any other means, her consent is obtained in accord with the informed consent provisions of subpart A of this part; (e) If the research holds out the prospect of direct benefit solely to the fetus then the consent of the pregnant woman and the father is obtained in accord with the informed consent provisions of subpart A of this part, except that the father's consent need not be obtained if he is unable to consent because of unavailability, incompetence, or the temporary incapacity of the pregnancy resulted from rape or incest. (f) Each individual providing consent under paragraph (d) or (e) of this section is fully informed regarding the reasonably foreseeable impact of the research on the fetus or neonate; (g) For children as defined in § 46. 402 (a) who are pregnant, assent and permission are obtained in accord with the provisions of subpart D of this part; (h) No inducements, monetary or otherwise, will be offered to terminate a pregnancy; (i) Individuals engaged in the research will have no part in any decisions as to the timing, method, or procedures used to terminate a pregnancy; and (j) Individuals engaged in the research will have no part in determining the viability of a neonate.

　　[2]　陈志雄："人体试验之受试者保护——简评新修正医疗法"，载《法学新论》2010 年第 19 期。

14 条第 6 项，将孕妇明确纳入人体试验受试者的范畴，但是，在权益保护方面只有简单的一句"应当予以特别保护"，并未明确如何加以特别保护。以孕妇作为受试者，除了对孕妇本身作完整评估规划外，还有一个必须要被考量到的重要因素，就是胎儿。胎儿与母体由脐带相连，透过脐带传送养分及氧气，使胎儿成长。因此，胎儿与孕妇本属于一体，在考虑孕妇能否成为受试者时，也应该将胎儿的利益考虑在内，整体评价统一衡量，才能算是真正有益于孕妇。举例来说，如果人体试验的受试者是胎儿，因为胎儿不可能有自主决定的可能，那么，以胎儿为受试者必然由其母亲代为同意或拒绝。而且，以胎儿作为受试者，该试验仍是在胎儿的母体，也就是孕妇的身上进行。此时，因试验的进行是针对胎儿，但接受试验的客体却是孕妇，如果属于对胎儿有益，但对孕妇不利，或者在进行前期评估时认为对孕妇有利，但对胎儿不利，研究者能否开展该试验，值得思考。再如，某药厂研发出新的流产药物，如果要了解该流产药物的效果，自然只能对孕妇进行试验，甚至连对照组也可能只能从孕妇中挑选。对试验组和对照组的孕妇来说，进行试验将侵害胎儿的利益，而如果该新种类流产药物不能实施人体试验，对医学科技的发展也有所不利。

作者认为，这些人体试验的争议问题，实际涉及的仍然是孕妇的自我决定权。孕妇本身具有自我决定是否接受人体试验的权利和能力。然而，孕妇接受人体试验时，研究者除了应考虑胎儿的利益外，本来就应当保障孕妇的权利。有新闻报道在新流感疫情扩大时，曾有怀孕五周的女子，向自家附近的诊所预约接种疫苗，诊所在得知其为孕妇时，以"孕妇比较容易有状况发生"为由而拒绝为其注射，该孕妇接连前往其他两家诊所，都得到相同的结果。该报道内容虽与人体试验无关，但从该新闻报道可知，我国一般医疗环境对于孕妇的态度，时常以胎儿利益优先于孕妇为考量，尚未能进一步处理两者在生命与身体健康权益上发生冲突之状况。在人体试验中也基于此道德价值，除非该药品将用于孕妇，否则基本上排除孕妇参与人体试验的权利。[1]

我国相关法律规定并未给予孕妇和胎儿更高的保护，而是适用与一般受试者相同的规范。作者认为，除了受试者保护规范应给予明确之高强度保障外，人体试验的监督机关应就以孕妇为受试者的人体试验，予以适当介入，并应有较以一般人作为受试者的人体试验更为密集的监督与管制。"有益于孕妇"虽然得出了一个使孕妇成为受试者的范围，但何种情形下属于有益于孕妇的概念，仍不够明确。因此，在衡量是否属于有益于孕妇的情形时，应注意比例原则的适用，即适当性、必要性及妥当性的评估，以免判断失准。相关人体试验法规均未提及胎儿成为受试者的保护规范，胎儿能否成为人体试验的受试者也应予以明确。

此次新冠疫情中，尽管美国疾控中心的一项研究覆盖了2.3万明确诊断为新冠肺炎的孕妇，该研究报告也指出，这类群体最终发展为重症患者，甚至必须用上呼吸机的风险成倍于其他类型患者，分别为3倍和2.9倍，而且，孕期感染新冠病毒会加大"不良妊娠结局"的风险。但是，世界卫生组织还是建议，除非孕妇本身患有慢性病，或者在工作中接触到新冠病毒的风险较高，否则不要接种新冠疫苗。对此，全球发展中心（Center for Global Development）关于疫苗、流行病和新技术的孕妇伦理项目（Ethics for Pregnancy Research）的政策研究员卡利·克鲁宾纳（Carleigh Krubiner）表示赞同，并指出这些建议的背后，实际上

---

〔1〕 陈志雄："人体试验之受试者保护——简评新修正医疗法"，载《法学新论》2010年第19期。

是未能及时且适当地将孕妇纳入疫苗研究这一事实。[1]

另外，据彭博社报道，2021 年当地时间 2 月 18 日，美国辉瑞公司表示将招募约 4000 名怀孕 24 周~34 周的孕妇作为首批受试者，在美国接受新冠疫苗的临床试验，以确定疫苗对孕妇是否安全。[2] 2020 年 5 月 10 日，我国已开展全球新冠疫苗首个 I 期临床试验，并于 5 月 22 日将试验数据在《柳叶刀》上公布，接种的 108 人全部产生了抗体。7 月 20 日，我国首次向世界公布了 II 期临床数据，6 月份疫苗已经开始在特定人群中接种。目前，新冠疫苗的 III 期临床试验正在有效推进。同时，在哺乳期和妊娠期的女性能否注射疫苗的问题上，研究人员表示，基于科学性和严谨性的要求，因为目前这些群体没有足够大的样本量，所以处于暂缓接种的状态。[3] 截至 2021 年 7 月 8 日，我国国家药监局已经批准了 5 条技术路线的 22 个新冠疫苗进入临床试验（即人体试验），并依法依规附条件批准 4 个新冠疫苗上市，依法组织论证同意另外 3 个新冠疫苗紧急使用，[4] 不过仍然没有提及孕妇及胎儿是否能够作为人体试验受试者参与 III 期临床试验这一问题。

---

〔1〕"中国新冠疫苗重磅！陈薇团队疫苗海外获批临床试验，可年产 3 亿"，载 https：//baijiahao.baidu.com/s？id＝1677175278622477085&wfr＝spider&for＝pc，最后访问日期：2021 年 3 月 28 日。

〔2〕"辉瑞将招募 4000 名孕妇进行新冠疫苗试验"，载 http：//finance.sina.com.cn/stock/relnews/us/2021-02-19/doc-ikftssap6903486.shtml，最后访问日期：2021 年 5 月 10 日。

〔3〕"中国新冠疫苗重磅！陈薇团队疫苗海外获批临床试验，可年产 3 亿"，载 https：//baijiahao.baidu.com/s？id＝1677175278622477085&wfr＝spider&for＝pc，最后访问日期：2021 年 3 月 23 日。

〔4〕"国家药监局：我国已有 22 个新冠疫苗进入临床试验阶段"，载 https：//www.sohu.com/a/476322521114760，最后访问日期：2021 年 7 月 9 日。

（二）当前孕妇接种新冠疫苗的实践

然而，对于任何一种药物或疫苗，在正常人群中已经验证过安全性和有效性后，扩大人群是常规操作。否则，这一药物或疫苗将始终无法用于一些特殊人群。事实上，美国 FDA 一直鼓励疫苗生产企业开展针对孕妇的临床研究，因为感染新冠的孕妇患各种并发症的风险更高。另外，辉瑞和 Moderna 公司的新冠疫苗临床试验中，一些参与者在日常生活中怀孕了，也并没有出现过任何问题。正是基于这些临床试验参与者的"怀孕实践"，美国妇产科学会在 2020 年 12 月作出结论：孕妇不应被排除在新冠疫苗接种人群外，mRNA 疫苗技术"不太可能对孕妇构成特定风险"。[1]

而且，2021 年 4 月 5 日，有媒体报道，西班牙一名婴儿出生后自带新冠病毒抗体。出生于伊比萨岛的婴儿名叫布鲁诺，他的母亲在怀孕的第 3 个月接种了新冠疫苗。他母亲的血液检查结果显示，其中的抗体值约为 8000，他的抗体值约为 5000。临产陪护员拉奎尔·加斯科恩解释说：之前已有相关的科学文献发表，表明妇女在怀孕期间接种的新冠疫苗可能使胎儿同样产生免疫能力，而布鲁诺的案例恰好予以了证明。当前，已经有多地的新闻媒体报道称婴儿自出生便携带新冠抗体，但这些病例都是他们的母亲在怀孕期间感染了新冠病毒，随之将抗体传给婴儿。而因为接种新冠疫苗使胎儿产生免疫力的，布鲁诺案例则是世界上的第一例。[2]

---

〔1〕 "辉瑞将招募 4000 名孕妇进行新冠疫苗试验"，载新浪财经：https://finance. sina. com. cn/stock/relnews/us/2021-02-19/doc-ikftssap6903486. shtml，最后访问日期：2021 年 9 月 28 日。

〔2〕 "世界首个！孕期接种新冠疫苗的孕妇，诞下自带抗体的婴儿！"载https://www. 163. com/dy/article/G6N46MTJ05345DMD. html，最后访问日期：2021 年 10 月 2 日。

据 2021 年 2 月路透社的一项报道，耶路撒冷的哈达萨医学中心（Hadassah Medical Center）针对 20 名处于第 3 孕期（怀孕后期）的孕妇进行了人体试验，接种了美国辉瑞（Pfizer）与德国 BioNTech 完整两剂疫苗，并对她们分别进行采检，试验结果发现所有人身上都有抗体，而且她们的胎儿也透过胎盘获得了抗体。该研究进一步指出，孕妇接种疫苗或许可提供母体和新生儿对新冠病毒的免疫力。另一项公布的美国研究也发现，使用传讯核糖核酸（mRNA）技术制造的疫苗在孕妇身上诱发的抗体，会透过胎盘或母乳传给胎儿。[1]

虽然新闻中表示，上述研究都在等待同侪审查。但是，至少能在一定程度上证明孕妇不仅不应当被排除在新冠肺炎疫苗人体试验之外，对其进行所谓"特殊保护"，更应当为了所有孕妇的利益，对这种"特殊保护"加以突破，鼓励其参与到新冠肺炎的人体试验中来，以尽早完成该疫苗安全性和有效性的检测并加以使用。但是，这种鼓励不能侵害孕妇的自我决定权，根据我国《药物临床试验质量管理规范》（2020 年 4 月 23 日发布）第 23 条第 3 项"研究人员不得采用强迫、利诱等不正当的方式影响受试者参加或者继续临床试验"、第 4 项"研究者或者指定研究人员应当充分告知受试者有关临床试验的所有相关事宜，包括书面信息和伦理委员会的同意意见"、第 5 项"知情同意书等提供给受试者的口头和书面资料均应当采用通俗易懂的语言和表达方式，使受试者或者其监护人、见证人易于理解"以及第 6 项"签署知情同意书之前，研究者或者指定研究人员应当给予受试者或者其监护人充分的时间和机会了解临床试验的详细情况，并详尽回答受试者或者其监护人提出的与临床试验相关的问题"的规

---

〔1〕 王宗杰："以色列研究：孕妇施打新冠疫苗，胎儿可获抗体"，载 https：//baijiahao. baidu. com/s？id＝1694549391793058036&wfr＝spider&for＝pc，最后访问日期：2021 年 9 月 10 日。

定，研究机构和研究人员必须履行其告知义务，将参与新冠疫苗人体试验可能的风险以孕妇能够理解的方式告知孕妇，并取得其真实的同意，而不能依靠隐瞒或欺骗的方式获取。

（三）新冠疫苗人体试验中孕妇特殊保护突破的理论基础

在市民社会，人格权冲突是一个普遍的现象。人格权冲突就是人格利益冲突，也是价值冲突。对人格权冲突的协调应遵循权利绝对性原则与权利相对化原则、权利位阶原则、利益最大化原则和适当限制原则。随着民事主体权利意识的不断提高，法律对人格权的保护越来越严密，人格权行使中的冲突也就越来越突出地反映出来。这不仅是民事主体人格权及其保护的基础理论问题，也是民事主体越来越重视、司法机关越来越需要解决的实践问题。[1] 诚然，在新冠疫苗人体试验中，不能因为急于获得所谓"第一手"的研究结果就无视特殊受试者的自我决定权。自我决定权是自然人享有的意志以发展人格为目的对于生命、身体、健康、姓名等具体外在人格要素的控制与塑造的抽象人格权。[2] 自我决定权作为权利人对于自己具体人格要素在人格发展方向上自我控制与塑造的权利，是权利人针对自己人格要素的自由，属于具体人格权的权能。[3] 自我决定权，不仅可以排除他人在私法领域对权利主体的不当侵犯，还能防御国家对个人信息的无限度搜集和不当使用。

《世界医学大会赫尔辛基宣言》第 8 条提出："有些受试人群是弱势群体需加以特别保护。必须认清经济和医疗上处于不利

---

[1] 杨立新、刘召成："论作为抽象人格权的自我决定权"，载《学海》2010年第 5 期。

[2] 杨立新、刘召成："论作为抽象人格权的自我决定权"，载《学海》2010年第 5 期。

[3] 杨立新、刘召成："论作为抽象人格权的自我决定权"，载《学海》2010年第 5 期。

地位的人的特殊需要。要特别关注那些不能做出知情同意或拒绝知情同意的受试者、可能在胁迫下才作出知情同意的受试者、从研究中本人得不到受益的受试者及同时接受治疗的受试者。"[1]而孕妇就属于可能在研究中得不到受益的受试者。面对突发的新冠疫情，短期研究的关键是时间，但中长期的研究重点却是研发针对不同人群且对病毒具有良好活性和选择性的创新疗法。[2]如何安排全体国民的接种顺序，日本感染对策委员会最初优先考虑将孕妇列入优先接种名单，不过目前普遍认为这缺乏科学依据。[3] 因为如果按照这种优先接种名单，就需要首先确定新冠疫苗已经对孕妇开展了三期人体试验并得到了确定的数据。事实上，当我们正考虑确认什么样的主张或要求、在何种限度内确认、什么时候去试着调整那些在某个新方面和新情况下冲突、交错的主张和要求时，将个人利益归入社会利益，并这样去权衡它们是非常重要的。[4]

　　因此，个人的自我决定权不是绝对的，为了重大迫切的公共利益，个人在原则上必须接受对其私权利的限制。所有利益不能全部得到保护，也不能彻底地得到保护，因为许多利益是交错的、或多或少有冲突的。如何衡量这些利益就成为摆在我们面前的一个问题，它们对于立法者来说是根本问题，也是法院在选择推理起点、解释和标准的运用中经常要面对的问题。[5] 社会功

〔1〕　袁雪石：《民法典人格权编释论》，中国法制出版社 2020 年版，第 299 页。

〔2〕　丁胜："对付新冠病毒，新药研发走到哪一步了"，载《光明日报》2020年 3 月 5 日，第 16 版。

〔3〕　黄文炜："日本人拒绝新冠疫苗？"，载 http：//blog. sina. com. cn/s/blog_ a1704aa10102zbga. html，最后访问日期：2021 年 9 月 20 日。

〔4〕　［美］罗斯科·庞德：《法理学》（第三卷），廖德宇译，法律出版社 2007年版，第 248 页。

〔5〕　［美］罗斯科·庞德：《法理学》（第三卷），廖德宇译，法律出版社 2007年版，第 246~247 页。

利主义者会从某种主张将在多大程度上对社会利益有利的角度衡量和评价利益。近年来，社会功利主义者推行并被普遍地采用的两条原则：①法律将保护个人利益，因为在这个程度上它们和社会利益一致。或者说，社会利益的保护就是通过保护个人利益来实现。②衡量或比较利益的一般原则是什么能保护最大多数的利益而牺牲最少的其他利益。这是威廉·詹姆斯提出的实用主义原则，其目的是在任何时候、尽我们可能来满足尽量多的要求。[1]某种意义上，该原则意味着尽可能保护所有利益而尽可能少地损害利益全体。与自我决定权保护的利益相对立的是法律干预所要保护的利益。法律干预可以简化为两种模式，即为了保护行为人利益的和为了保护其他人利益的。前者是西方学者通常所说的法律家长主义，其核心特征是为了保护行为人的利益而干预行为人的行为。[2]后者是更习惯和频繁运用的保护他人利益的"非家长主义的法律干预模式"。而其他人利益又可进一步分为相对方利益、第三人利益、公共利益、社会利益等，[3]该模式可进一步划分为保护相对方利益、第三人利益、公共利益和社会利益等几类具体的法律干预模式。

　　每一种新药物、新技术和新方法的广泛应用或淘汰都是建立在人体试验的基础上的。但是人体试验的实施过程中，因为科学的不确定性，不可避免地存在着得失二重性。所以，在试验结果不明的情况下，研究者应从受试者的利益出发，在不会造成受试者严重伤害或不可逆伤害的前提下，审慎地进行人体试验，对于体内怀有胎儿的孕妇来说更应如此。

---

〔1〕 The Will to Believe（1896）195-206.

〔2〕 Joel Kleinig, *Paternalism*, Rowman&Allanheld Publishers, 1984, 3 – 17; Donald Van Deveer, *Paternalistic Intervention: The Moral Bounds on Benevolence*, Princeton University Press, 1986, 16-40.

〔3〕 关于个人利益、公共利益、社会利益的分类及其详细讨论，参见［美］罗斯科·庞德：《法理学》（第三卷），廖德宇译，法律出版社2007年版，第13~29页。

（四）新冠疫苗人体试验中受试孕妇特殊保护的突破

对于任何一种药物或疫苗，在正常人群中已经验证过安全性和有效性后，扩大人群是常规操作。否则，这一药物或疫苗将始终无法用于一些特殊人群。事实上，美国 FDA 一直鼓励疫苗生产企业开展针对孕妇的临床研究，因为感染新冠的孕妇患各种并发症的风险更高。另外，正是基于前文所述的临床试验参与者的"怀孕实践"，美国妇产科学会在 2020 年 12 月得出结论：孕妇不应被排除在新冠疫苗接种人群外，mRNA 疫苗技术"不太可能对孕妇构成特定风险"。[1]

诚然，在新冠疫苗人体试验中，不能因为急于获得所谓"第一手"的研究结果就无视特殊受试者的自我决定权。但是个人的自我决定权不是绝对的，为了重大迫切的公共利益，个人在原则上必须接受对其私权利的限制。面对突发的新冠疫情，短期研究的关键是时间，但中长期的研究重点却是研发针对不同人群且对病毒具有良好活性和选择性的创新疗法。[2] 如何安排全体国民的接种顺序，日本不少专家认为，这是一个比较棘手的问题。舆论普遍认为，应以容易引起重症化的高龄者和有基础疾病的人为优先，感染对策委员会最初优先考虑将孕妇列入优先接种名单，不过目前认为这缺乏科学依据。[3]

1. 新冠疫苗人体试验中孕妇特殊保护突破的有限政府理论

新冠疫情已经成为公共卫生事件，在这种情况下，对于个人

〔1〕"辉瑞将招募四千名孕妇做新冠疫苗试验，以确定疫苗对孕妇是否安全"，载 https://www.163.com/dy/article/G39OJB4505119734.html，最后访问日期：2021年6月19日。

〔2〕丁胜："对付新冠病毒，新药研发走到哪一步了"，载《光明日报》2020年3月5日，第16版。

〔3〕黄文炜：'日本人拒绝新冠疫苗?"载 http://blog.sina.com.cn/s/blog_a1704aa10102zbga.html，最后访问日期：2021年9月20日。

和企业的规制便成为公共卫生实践的主要部分。[1] 而政府的强制性权力更应该只有在遵守以下三个标准时才能为宪法所允许，即公共卫生必需性、强制措施必要性和责任收益比例性。

（1）公共卫生必需性。公共卫生权力的行使理论基础在于：为了防止可以避免的伤害所必需。为了使强制性措施具有正当性，政府只有在面对很明显的卫生威胁时才展开行动。公共卫生必要性标准至少要求，实施强制干预的对象必须实际上对社区构成威胁，尽管法院表示，它将尊重立法机关在这方面的任何合理决定。[2] 研究者和伦理审查委员会应当确保怀孕的未来受试者已经充分了解参与该试验对她们自己、胎儿、以后的子女，及其未来生育能力的风险和利益。对这一人群的研究只有当其与孕妇及其胎儿的特殊健康需求有关，或与一般孕妇的健康需求有关时才能进行，并且还应尽量获得动物实验特别是致畸和致突变的可靠证据支持。

（2）强制措施必要性。依照必要性标准，政府采取强制措施仅可能为应对显而易见的威胁。此外，所用措施必须是为了预防或降低威胁。即使立法机关的目标是有效的且有益的，其所采取的方式也必须与保护公众健康之间存在"真实的或实质性的联系"（real or substantial relation），而不能是"对权利的公然侵犯"（a plain, palpable invasion of rights）。[3] 政府对新冠疫情中孕妇能否开展人体试验应当更加注重该原则，毕竟孕妇涉及的是她和腹中胎儿两个生命的健康利益。孕妇的健康利益从法理的角度而言，是法律应当予以保护的个人利益，通常被称为"自然权

---

〔1〕 Leroy Parker and Robert H. Worthington, *The Law of Public Health and Safety and the Powers and Duties of Boards of Health*, New York: M. Bender, 1892, xxxviii.

〔2〕 Jacobson, 197 U. S. at 35 (quoting Viemeiser, 72 N. E. at 99).

〔3〕 Nebbia v. New York, 291 U. S. 502, 510-11 (1933). 判决认为公共福利管理必须不能是"不合理的、专断的或是反复无常的，同时选择方式应当与追求的目标有着实质性的联系"。

利"（natural rights），因为这些利益（被看作权利）不是根源于国家。[1]

（3）责任收益比例性。当一项措施存在公共风险，且可能合理地缓解这个风险，此时公共卫生的目标可能是有效的。如果强加给个人的责任和预期收益完全不相称，那么这一规定就会有危险。公共卫生当局负有不得以不必要的方式侵犯个人自治权的宪法责任，这意味着需要在预实现的公共利益和对个人领域的干预度之间进行合理平衡。如果干预是无缘无故的繁重或不公平，它可能会超越宪法的界限。因此，对人体试验中孕妇特殊保护规则的突破只有在风险和预期利益平衡的特殊情况下才可能发生。

2. 新冠疫苗人体试验中孕妇特殊保护突破的规则

在市民社会，人格权冲突是一个普遍的现象。人格权冲突就是人格利益冲突，也是价值冲突。对人格权冲突的协调应遵循权利绝对性原则与权利相对化原则、权利位阶原则、利益最大化原则和适当限制原则。随着民事主体权利意识的不断提高，法律对人格权的保护越来越严密，人格权行使中的冲突也就越来越突出地反映出来。这不仅是民事主体人格权及其保护的基础理论问题，也是民事主体越来越重视、司法机关越来越需要解决的实践问题。

以"随机、对照、双盲"为特征的 RCT（Randomized Controlled Trial）试验是现代医学验证药物疗效的"金标准"，但是同时也面临着时间、临床设计的严谨性、对照选择及随机分组不合理、样本量不足、变量控制不充分、临床结局指标不确定、伦理问题等诸多挑战，从而有损临床研究证据质量，造成病例资源

---

[1] ［美］罗斯科·庞德：《法理学》（第三卷），廖德宇译，法律出版社2007年版，第20页。

浪费，甚至可能影响患者的治疗。[1] 不管怎样，面对新冠疫情的迅猛发展，在对人体试验中的特殊群体进行法律保护的同时，也要注意对该类群体权利的限制。而且，新冠疫苗的人体试验中，受试者和研究者是共同参与人，而不是法律关系的对立者。我国相关法律规定并未给予孕妇和胎儿更高的保护，而是适用与一般受试者相同的规范。因此，除了受试者保护规范应给予明确之高强度保障外，人体试验的监督机关应就以孕妇为受试者的人体试验，予以适当介入，并应有较以一般人作为受试者的人体试验更为密集的监督与管制。"有益于孕妇"的原则要求，在进行对其的新冠肺炎人体试验时应注意比例原则的适用，即适当性、必要性及妥当性的评估。

不过，从风险社会学的角度而言，新冠肺炎作为一种具有突发性、不确定性、紧迫性、复合性和危害性的重大疫情，需要包括孕妇在内的全人类建立起一种与其相适应的"社会治理共同体"，来共同抵御疫情的蔓延和社会风险的扩散。[2] 因此，孕妇不仅不应当被排除在新冠肺炎疫苗人体试验之外，对其进行所谓"特殊保护"，更应当为了所有孕妇的利益，对其自我决定权进行适当的限制，鼓励其参与到新冠肺炎的人体试验中来，以尽早完成该疫苗安全性和有效性的检测并加以使用。

因此，在新冠疫苗人体试验中对孕妇的特殊保护进行突破时必须遵循以下基本原则：

（1）风险最小化原则。某种意义上讲，孕妇在新冠疫苗人体试验中的风险最小化，应当是对其保护进行突破首要考虑的原则。根据经济学中的"风险-收益"理论和传统侵权责任法的

---

〔1〕 丁胜："对付新冠病毒，新药研发走到哪一步了"，载《光明日报》2020年3月5日，第16版。

〔2〕 文军："新型冠状病毒肺炎疫情的爆发及共同体防控——基于风险社会学视角的考察"，载《武汉大学学报（哲学社会科学版）》2020年第3期。

"风险责任"理论，应当在研究者和受试者之间对试验的风险进行合理的分配。为了实现该原则，其一，应当通过缩小受试孕妇的范围以减少受试者的风险，即不采取对照试验的方法，而仅仅在患病孕妇中进行试验；其二，孕妇受试者临床试验的风险以不大于常规医疗风险为限，即不大于和试验情况类似的有并发症妊娠所采用的常规医疗程序的风险；其三，强化该试验药物的动物试验，在动物试验中确认该药物具有安全性、有效性之后再进行人体试验；其四，注重对孕妇临床用药的跟踪评价研究，密切关注孕妇用药后的健康情况。

（2）自甘风险原则。知情同意是作为药物临床试验对象应具有的基本权利。进行药物临床试验前应充分告知孕妇在试验过程中所可能获得的益处和可能发生的风险，使之充分了解并签署知情同意书。值得注意的是，孕妇作为一个特殊的受试者，在特定的情况下，知情同意书还须取得其配偶的知情同意。根据我国《药物临床试验质量管理规范》（2020 年 4 月 23 日）第 23 条第 3 项"研究人员不得采用强迫、利诱等不正当的方式影响受试者参加或者继续临床试验"、第 4 项"研究者或者指定研究人员应当充分告知受试者有关临床试验的所有相关事宜，包括书面信息和伦理委员会的同意意见"、第 5 项"知情同意书等提供给受试者的口头和书面资料均应当采用通俗易懂的语言和表达方式，使受试者或者其监护人、见证人易于理解"以及第 6 项"签署知情同意书之前，研究者或者指定研究人员应当给予受试者或者其监护人充分的时间和机会了解临床试验的详细情况，并详尽回答受试者或者其监护人提出的与临床试验相关的问题"的规定，研究机构和研究人员必须履行其告知义务，将参与新冠疫苗人体试验可能的风险以孕妇能够理解的方式告知孕妇，并取得其真实的同意，而不能依靠隐瞒或欺骗的方式获取。

（3）合理补偿原则。我国《药物临床试验质量管理规范》

对试验过程中发生的与试验相关的损害补偿作出了明确的规定。在实际实验过程中，如果发生了风险及意外，那么实行强制性补偿和自愿性补偿相结合的方案更有利于孕妇及胎儿权益的保障。

五、军人、试验者的从属人员

军人以及其他准军事部队、纪律部门的人员，由于其职业的组织纪律性，也较容易被强制或者诱导违背其自主意志作为受试者；参与人体试验者的下属、学生等有从属关系的人员，基于其与受试者关系的考虑和目的（如下属为了保住工作或者获得晋升，学生为了获得学分或获得资助等），其自主决定能力也有可能受到限制乃至被剥夺。因此，对于他们亦应当给予特别的保护。不过，俄罗斯将军人分为了义务兵和合同制军人，对于这两种军人是否有义务参与新冠疫苗的人体试验，布尔登科军事临床总医院院长叶夫根尼克留科夫军医少将表示，"俄罗斯法律禁止义务兵参加试验，因此合同制军人志愿者应当参加新冠病毒疫苗试验"。[1]

而立陶宛《人体试验法》第5条规定，参加试验与其学习课程有关的学生、现役军人；开展医学试验的健康机构中试验者下属的工作人员都是弱势地位的受试者。第7条规定，对于弱势人群的医学试验只有在满足下列要求的情况下方得进行：①该试验必须在弱势人群中进行；②试验结果对于受试者具有产生真正的、直接的利益的潜在性；③试验不应造成对受试者的健康或者生命的风险。该规定充分考虑到了军人和受试者下属在决定能力

---

〔1〕 "俄罗斯：合同制军人志愿者将参加新冠疫苗人体试验，7月完成"，载 https://baijiahao.baidu.com/s?id=1668436201514985824&wfr=spider&for=pc，最后访问日期：2021年9月28日。

上的不自主性，对其可以参与试验的范围进行了限制，有利于保护他们的合法权利，值得为我们所借鉴。[1]

〔1〕　满洪杰："医学人体试验特殊受试者保护研究——以比较法为视角"，载《东岳论丛》2012 年第∠期。

第五章　人体试验受试者自我决定权与公共利益的协同

随着医学的进步，人类越来越有能力通过各种新药、新的医疗技术和新的医疗器械预防和治疗各种疾病。而这些新的药物、技术和器械需要很多受试者接受三期人体试验之后，才能保障其对于人体具备相当程度的安全性和有效性。因此，各国通常都会要求新医疗技术或方法、新药上市，必须通过毒理试验、动物试验和三阶段的人体试验，才能应用到常规医疗中。在人体试验过程中，受试者可能获得的利益与其需要承担的风险相比微乎其微，甚至最终无法获得任何利益，但是不论试验结果如何，他们都为医学进步这一社会公共利益做出了巨大的贡献。因此，必须借由精密的制度设计，让受试者在具有保护自己的能力的同时，实现其个人利益与社会公共利益的协同，这是制度设计上必须考量的问题。

历史显示，当研究者和赞助商掌握了资讯和专业知识，便持有极大的权力，足以任意摆布受试者，将受试者当作试验工具对待。美国持续四十年的 Tuskegee 梅毒研究便是如此。但是，人体试验的受试者享有自我决定权，不应受到他人的操控，在人体试验的法律制度上，虽然告知后同意制度是保障受试者自我决定权的主要手段，但应如何设计才能保证受试者的自我决定权得到完善的保护，并实现与社会公共利益的协同是本章需要研究的内容。

第一节　社会公共利益的概念和特征

一、社会公共利益的概念

社会公共利益是一个十分模糊且历史悠久的概念，其最早可以追溯到公元前 6 世纪～前 5 世纪的古希腊。当时特殊的城邦国家制度产生了"整体国家观"，与之相联系的便是具有整体性和一致性的社会公共利益。社会公共利益被视为一个社会存在所必需的一元的、抽象的价值，是全体社会成员的共同目标。亚里士多德把国家看作最高的社团，其目的是实现"最高的善"，这种最高的善在现实社会中的物化形式就是公共利益。[1] 美国有学者提出，"公共利益是指社会或国家占绝对地位的集体利益而不是某个狭隘或专门行业的利益，公共利益表示构成一个整体的大多数人的共同利益，它基于这样一种思想，即公共政策应该最终提高大家的福利而不只是几个人的福利"。[2]

公共利益是一个政治学、法学、经济学、公共管理学、社会学都关注的理论问题，但是，各个学科却很难对其概念形成统一的意见。现代意义上的公共利益是在现代人本主义与法治国家出现后产生的，它的构建和实现在本质上是一种社会契约的过程，它以肯定私人的意思自治为前提、以承认私权为起点，在法律的框架内依照法定的程序，在各种不同利益博弈的基础上形成。[3]

---

〔1〕　胡建淼、邢益精："公共利益概念透析"，载《法学》2004 年第 10 期。

〔2〕　[美] E. R. 克鲁斯克、B. M. 杰克逊：《公共政策词典》，唐理斌等译，上海远东出版社 1992 年版，第 30 页。

〔3〕　杨寅："公共利益的程序主义考量"，载《法学》2004 年第 10 期。

社会公共利益的存在以价值选择为基础，不过，20 世纪社会法学派的代表人物庞德将社会利益和公共利益认定为两类利益。他主张，法律的作用是承认、确定、实现和保护各种利益，或者说以最小限度的阻碍和浪费来满足各种冲突的利益，因此必须对利益进行分类。他将利益分为三类：一是个人利益，即"直接涉及个人生活，并以个人生活名义所提出来的主张、要求和愿望"。二是公共利益，即"涉及政治组织社会的生活，并以政治组织社会名义提出的主张、要求和愿望"。三是社会利益，即"涉及文明社会的生活，并以社会生活的名义提出的主张、要求和愿望"。[1] 在其专著中，他对"公共利益"和"社会利益"都进行了极为详尽的阐述，他赞同 Salmond、Gareis、Mcllwain 等学者主张的公共利益是法律体系必须要尽可能保护的第二重要的利益，同时认为公共利益是以有组织的政治社会的名义提出的主张。而这些利益最终都归结为保护社会制度的社会利益：作为法人的国家利益和作为社会利益监护者的国家利益。[2] 而在普通法中，已习惯于用"公共政策"的名义谈及社会利益。[3] 但是却没有给"公共政策"一个清晰的概念，因为"公共政策不容许定义并且也不易阐释"。[4]

本书认为"政治组织社会的利益"和"文明社会的利益"从本质上讲，均为与"个人利益"相对应的"社会公共利益"。而且，在平等主义者的构想中，公共利益要求惠及每一个社群成

---

〔1〕 参见薛克鹏：《经济法的定义》，中国法制出版社 2003 年版，第 191 页。

〔2〕 〔美〕罗斯科·庞德：《法理学》（第三卷），廖德宇译，法律出版社 2007 年版，第 180~182 页。

〔3〕 〔美〕罗斯科·庞德：《法理学》（第三卷），廖德宇译，法律出版社 2007 年版，第 204 页。

〔4〕 Kekewich, J. in Davies v. Davies, 36 Ch. D. 359, 364（1887）.

员，是其共同拥有的利益。[1] 因此，从这一层面理解，无需将其进行如此细致的分类，可以直接将社会公共利益界定为涉及政治组织社会、文明社会的生活，并以政治组织社会和社会生活的名义提出的主张、要求和愿望。

二、社会公共利益的特征

边沁主张，"个人利益是唯一现实的利益，社会公共利益只是一种抽象，它不过是个人利益的总和"。耶林最早将"社会利益"与"个人利益"相结合，并着重强调"社会利益"，他的"社会利益"学说构成了利益法学的直接思想渊源，而且推动了资本主义法律由个人本位向社会本位的转变。[2] 在平等主义者的构想中，公共利益要求惠及每一个社群成员的，其共同拥有的利益，[3] 在某一层次上表现为社会的共同利益。社会共同利益往往涉及公民共同的重要的基本权利，如公共卫生事件中大多数人的生命健康权等。个人权利即公民作为个体所享有的权利，包括个人享有的具有区分性的特别权利，也包括在社会中所分担的共同利益。公共利益是以个人权利为基础所形成的，因而两者之间具有内在的一致性。[4]

19 世纪的法学家认为法涉及对自由的限制，只有在为了维护自由而有必要时，对自由的限制才是合法的。例如，"法律为

〔1〕　王凌皞："公共利益对个人权利的双维度限制——从公共利益的平等主义构想切入"，载《华东政法大学学报》2016 年第 3 期。

〔2〕　刘全德主编：《西方法律思想史》，中国政法大学出版社 1996 年版，第135~138 页。

〔3〕　王凌皞："公共利益对个人权利的双维度限制——从公共利益的平等主义构想切入"，载《华东政法大学报》2016 年第 3 期。

〔4〕　范旭斌："论公共利益与个人利益的平衡"，载《云南社会科学》2009 年第 6 期。

了自由而存在……它为了保护自由而存在，因为它限制专断的意志……"[1] 以及"自由……是至高无上的目标。任何对它的删减都需要理由，而唯一正确的理由是保护它的重要"。[2] 所以，应当最低限度地压制法律秩序——保护个人以防被侵犯，保护个人自由意志的和谐共处和保护所有人的意志自由所需要的程序。[3]

另外，和 19 世纪的社会公共利益主要从取得安全和交易安全方面阐明法律秩序的终极目的不同的是，现在的社会公共利益主要致力于从个人生活中的社会利益的角度阐述法律目的。[4] 个人生活中的社会利益的一个重要方面是呼吁保护自由、自发产生的自我主张。但是，实际生活中该利益的其他方面也必须考虑进来，而且可能会限制抽象的自我主张，比如在特定条件下，自我决定的自由如何表现？它能在总体上以最少的牺牲确保我们的利益体系的最大化吗？能让特定关系中的人们按照其意志或者按需要自由缔约吗？[5]

第二节　受试者自我决定权与社会公共利益的冲突

一、人体试验受试者自我决定权保护的现状

人体试验具有悠久的历史，为人类带来了长远的贡献，从远

〔1〕　Amdts, *Juristische Encyklopddie* (2nd., 1850) §12.

〔2〕　Carter, *Law: Its Origin, Growth, and Function*, (1907) 337.

〔3〕　1 Lioy, *Philosophy of Right*, (Hasite's transl, 1891) 121.

〔4〕　Stammler, *Lehre von dim richtigen Rechte*, (1902) 208-211; Cahn, *The Sense of Injustice: An Anthropocentric Theory of Law* (1949).

〔5〕　[美] 罗斯科·庞德:《法理学》(第三卷)，廖德宇译，法律出版社 2007 年版，第 214~215 页。

古传说的神农尝百草到现在正在发展中的基因治疗，每一项突破都有人类参与试验的轨迹。然而，从西方人体试验的历史来看，以不人道方式对待受试者的案例层出不穷。如 1879 年挪威的汉森医师违反人体试验受试者意愿强行为其接种麻风结节萃取物，以证实其医学理论；19 世纪美洲地区医师将沸水浇到奴隶身上，观察是否可以治疗伤寒，或在奴隶身上反复练习新的医疗技术等。[1] 二战期间，日本 371 部队在中国东北发展生化细菌武器，对战俘和平民进行各种毒理试验，纳粹德国在集中营也进行过类似的人体试验。二战后，1966 年美国哈佛大学学者 Henry K. Beecher 对刊登在著名医学期刊上的人体试验研究成果报告和论文进行调查统计，发现数十件违反医学伦理的人体试验，并将调查结果刊登在《新英格兰医学杂志》上，引起广泛的关注。[2] 1972 年媒体揭发了维持了 40 年（1932 年~1972 年）的 Tuskegee 梅毒研究中，临床试验医师用安慰剂代替盘尼西林给予随机对照组的 200 位黑人梅毒人体试验受试者服用，但是从未告诉他们正在参与一项人体试验，目的在于了解梅毒长期在人体里所发生的发病症状及人体试验受试者的反应。[3]

现代的人体试验中，虽然有《纽伦堡公约》《赫尔辛基宣言》和《涉及人体生物医学研究国际伦理准则》等国际性法律文件的约束，少有大规模完全漠视受试者自我决定权的行为，但是仍然面临很多问题。如美国宾州大学的人体基因治疗试验，一

---

〔1〕　高培桓："生鲜医学人体试验之国际法规范"，东吴大学 2000 年硕士学位论文。

〔2〕　参见［美］戴维·J. 罗思曼：《病床边的陌生人：法律与生命伦理学塑造医学决策的历史》，潘驿炜译，载 https://baijiahao.baidu.com/s? id=169583284，最后访问日期：2022 年 2 月 12 日。

〔3〕　董明钦："伦理道德在以人体作为新药之临床试验之探讨"，载《药学杂志》1995 年第 2 期。

名 18 岁的受试者接受高剂量的基因改良病毒后死亡。[1] 因此，人体试验受试者一直面临着相当大的风险，而这些受试者是否明确知道其将承受死亡的风险，或者他们是否误以为治疗性试验是一种安全性更高的治疗方式，如何确保研究者维护受试者的自我决定权，值得深思。当前，尽管我国人体试验中受试者自我决定权的保护得到了较大的改善，但是仍然存在着不少问题。自我决定权是人体试验受试者权利保护最基础、最核心的内容，保护受试者的自我决定权是实施人体试验过程中最基本的要求，贯穿了试验研究的全过程。然而在实务中，依然存在着告知对象不统一（是受试者本人还是其近亲属）、告知内容不全面（只选择对受试者有益的内容，而不告知其他可供选择的治疗方案、各种方案的利弊等情况）以及回避重要信息（忽略受试过程中可能存在的风险，或者简略描述该风险）等影响受试者权益的问题，便是上述问题在实践中的体现。

诚然，人体试验中，个人利益需要在一定程度上进行限缩并让位于社会公共利益。但需要强调的是，个人利益是构成社会公共利益的基础，没有个人利益，社会公共利益便无从谈起。个人利益与公共利益内在的一致性决定了两者的均衡是解决利益冲突的关键。[2]

另外，是否只要经过受试者同意，就可以任意从事人体试验，受刑人、孕妇和哺乳妇女、末期人体试验受试者的自我决定权是否需要特殊保护，被监禁的人的自我决定的意思表达自由程度可能受到影响，孕妇参与试验可能影响胎儿与婴儿的健康，对

---

〔1〕〔美〕麦林达·温纳：《基因疗法的悲剧》，载科学人杂志：http://sa. ylib. com/MagCont. aspx？Unit＝newscan&id＝1455，最后访问日期：2021 年 10 月 12 日。

〔2〕马晴："公共利益与个人权利的均衡——以新冠肺炎防控的强制管理为视角"，载《大庆社会科学》2020 年第 2 期。

末期人体试验受试者参与人体试验限制过多，可能会扼杀他们仅
有的生存机会，因此，如何合理保护受试者的自我决定权，并使
其与社会公共利益相协同，制度上还需要做得更多。

二、人体试验受试者自我决定权与公共利益的具体冲突

　　医学伦理是规范医师与医学研究人员行为的重要具体标准，
某些伦理原则为该领域法律的发展奠定了共识基础，因此人体试
验必须遵守医学伦理的规范。为了应对各种新兴的议题，西方哲
学家尝试从各种角度建立一套有系统的伦理防范来解决问题，包
括借助康德、边沁和弥尔的理论。这也正说明了人体试验中保护
受试者和追求医学进步两种核心价值的冲突。

　　结果论以边沁和弥尔的功利主义为代表，注重行为的结果。
他们认为，有助于促进"最大多数人的最大幸福"的行为就是
合乎正义的。[1] 在这样的观点下，集体生命的价值高于个别生
命，而人体试验既然仅仅以少数受试者的生命健康为代价，便可
换取医学进步的成果，为最大多数的人谋求医疗福祉，如此便是
符合正义的。至于是否取得受试者同意，并不影响人体试验的正
当性。

　　本务论（又称为义务论）以康德为代表，注重行为的本质，
认为出于"善良意志"的行为才是合乎伦理的，而"善良意志"
是指受到理性道德法则支配的意志。[2] 换句话说，只有依据理
性道德法则的行为才是符合正义的。[3] 同时，康德强调对人的

　　[1]　Tony Hope, Julian Savulescu & Judith Hendrick, *Medical Ethics and Law - The Core Curriculum*, 3-5 (2003).

　　[2]　Barry R. Furrow et. al., *Bioethics: Health Care Law and Ethics*, 7 (3rd ed., 1997).

　　[3]　Tony Hope, Julian Savulescu& Judith Hendrick, *Medical Ethics and Law - The Core Curriculum*, 5 (2003).

尊重，主张我们始终要把人当成目的，而不要把人视为一种工具或手段。因此，人和物的区别在于，物可以有市场价值，而人本身就是价值，人的价值不可以屈服于市场价值。[1] 依据康德的理论，如果受试者的尊严和价值未被平等对待，新医学技术的发展不论未来能成就多少人的福祉，都是不符合正义的。因此，受试者自我决定权的保障应当优先于试验利益。

实际上，对受试者自我决定权的保护是对个人利益的保护，而追求医学进步则是对社会公共利益的追求。这两种价值的冲突普遍存在于各国的人体试验政策中，而不同国家也有不同的取舍，若干先进的技术输出国特别重视研究发展，因此偶有让医学研究利益凌驾于保护受试者的情形也不意外。当前我国医药产业还不发达，而跨国药厂却在全球寻找"最佳试验场所"，我国法律应如何应对值得进一步思考。更为重要的是，我们不仅应当从原则的角度出发，考虑人体试验受试者自我决定权与公共利益出现矛盾时的取舍，更应当在原则的指导下确立完整的制度对两种利益进行协同。因为，一项法律制度要达到维护法律秩序的目的，需要通过：①承认特定利益，该利益可能是个人的、公共的或者社会的；②确定一个范围，哪些利益应当在这个范围内通过法律规范予以承认和实现，该法律规范由司法（现在还有行政）机构按照公认的程序运作和实施；③尽力保护在确定的范围内得到认可的利益。[2]

---

〔1〕 Barry R. Furrow et. al. , *Bioethics: Health Care Law and Ethics*, 16 (3rd ed. , 1997).

〔2〕 ［美］罗斯科·庞德：《法理学》（第三卷），廖德宇译，法律出版社 2007 年版，第 13~14 页。

第三节　协同治理与社会共同体的基本理论

《十九届四中全会报告》指出，我国国家制度和国家治理体系具有多方面的显著优势，其中之一为"坚持全国一盘棋，调动各方面积极性，集中力量办大事的显著优势"。某种意义上，该优势也为人体试验中个人自我决定权和社会公共利益之间的协同治理提供了理论基础。

一、协同治理的概念和特征

从词源学上看，"协同治理"的英文形式是"collaborative governance"，也就是说"协同"对应的英文单词是"collaborative"，其名词形式为"collaboration"，动词形式为"collaborate"，可以翻译为"与他人共同工作，特别是为了生产或创造某一事物"。这里的"协同"指不同主体之间为实现一致的目标而共同行动，强调公共领域治理主体的关系范畴，主张"共同行动"或"共同治理"。在英文语境下，与"collaboration"相似的单词还有"cooperation"和"coordination"分别为合作与协调之意，而区分合作与协调之间的不同非常重要。[1] 汪锦军认为"cooperation""coordination"和"collaboration"之间是一种层次逐渐递进的关系。"协作（collaboration）是一种更为持续和深入的相互关系，它将过去分立的组织整合到一个需要完全为实现共

---

[1] Jane F. Hansberry, *An Exploration of Collaboration Organizational Effectiveness in Denver County Human Service Organizations*, University of Pittsburgh, 2005, p. 24.

同使命承担义务的新的结构中。"[1] 姬兆亮等人也主张，协同"既不是一般意义上的合作，也不是简单的协调，是合作和协调在程度上的延伸，是一种比合作和协调更高层次的集体行动"。[2]

这些辨析为区分和"协同治理"类似的概念如"合作治理""协作治理"等提供了语义和学理上的基础研究。因此，本文认为"协同"的特征主要有：其一，具有资源共享性和互惠互利性。在参与协同的主体完成共同目标的过程中，需要彼此之间共享信息、知识与资源，这也是对公共资源的一种重新优化配置。另外，协同的前提条件是参与的主体建立在相互信任的基础上形成的互惠互利，从而实现协同过程的信息、知识、资源的共享；同时作为共同体的成员之间应该排除私利的诱惑与影响，实现成员之间利益共赢。其二，具有深度交互性和目标一致性。协同意愿的达成和行动的开展需要各个参与的主体对行动策略进行不断的谈判与协商，即使在协同行动的过程中，各参与主体也会相互依赖，使得他们之间的认知与行动都交织在一起。同时，各个参与主体的深度交互必然以实现一致的目标为最终意愿。而如果不同主体之间要构建某种关系，形成某种组织，必然会以共同目标为主要纽带，并通过共同的目标把不同的参与者凝聚起来。其三，具有责任共担性。通常情况下，一般的治理理论强调治理的多中心，而实际上，多中心则意味着无中心，特别在需要承担责任的时候，多主体之间往往存在责任边界模糊、责任划分不明的问题，而协同则强调参与的主体共同承担协同行为的责任。

---

〔1〕 汪锦军：《走向合作治理：政府与非营利组织合作的条件、模式和路径》，浙江大学出版社 2012 年版，第 82~83 页。

〔2〕 姬兆亮等："政府协同治理：中国区域协调发展协同治理的实现路径"，载《西北大学学报（哲学社会科学版）》2013 年第 2 期。

二、协同治理与社会共同体的构建

（一）协同理论和社会共同体的概念

1. 协同理论的概念

20 世纪 70 年代，哈肯（H. Haken）创立了协同理论，这是解释与外界保持着物质或者能量交换、远离平衡态的开放性系统，如何通过内部各要素或子系统的协同，自发形成在时空和功能上的有序结构的理论。[1] 作为协同理论的创始人，哈肯将其定义为："协同理论是一门在普遍规律支配下的有序自组织集体行为的科学。"所谓自组织，从静态的角度来说，是指开放系统在子系统的合作下出现的宏观尺度上的新结构；从动态的角度来说，是指系统从无序状态转变为具有一定结构的有序状态，或者从旧的有序状态转变为新的有序状态，在相变前后并未从外部环境中得到怎样组织起来、形成什么样的结构以及如何维持、发展这种结构的信息，而由系统内部自身组织起来，通过各种形式的信息反馈来控制和强化这种结构的组织行为。自组织过程是一种非平衡相变过程，系统所处的"不同结构或状态称为不同的相"，"在一定条件下，系统从一种相转变为另一种相的现象称为相变"。

他还主张，虽然人类社会和自然界存在时间和空间不同跨度的各种系统，结构千差万别，而且本质和内在属性也有所不同，但是整体系统内部、各个子系统及要素之间既存在相互影响、相互联系的作用，又具有相互竞争、相互合作的关系。另外，在整个系统内部还存在着一系列稳定与不稳定之间的相互转换。当系

---

〔1〕〔德〕赫尔曼·哈肯：《协同学——大自然构成的奥秘》，凌复华译，上海译文出版社 2013 年，第 46 页。

统的发展逐渐从量变到质变的临界点或者突然受到外力作用直接达到质变的临界点时，系统内部各个要素（或子系统）相互之间的联系和作用，将促使系统实现从不稳定到稳定，从无序走向有序，从弱小走向强大，进而实现系统的非线性式上升发展，达到 1+1>2 的效果。各个要素（或子系统）在该过程中发生的相互作用就是协同作用。

在系统从混沌中产生某种稳定结构的整个过程中，哈肯用涨落、序参量、役使三个原理来刻画系统协同效应的形成过程：涨落在系统新旧结构转换的过程中起着重要媒介作用，涨落产生序参量，序参量又导致役使和伺服。按照协同理论，协同主要包含两层含义：其一，系统内部的诸多要素相互影响、相互配合和相互作用；其二，系统从一种状态发展为另一种状态的过程中，各子系统以及系统内部的诸多要素之间通过相互作用，从而使系统从无序运动变为有序运动，进而产生新的质变的过程。[1]

2. 社会治理共同体的概念

社会治理共同体不仅仅是一个联结形式上的工具性的共同体，更是一个具有实质内涵的价值性的共同体。从学理上来分析，中共十九届四中全会提出的建设"人人有责、人人尽责、人人享有的社会治理共同体"，不仅是一个包含着各种主体、客体等"一核多方"联结形式在内的工具性的共同体，更是一个具有情感、文化和心理认同在内的价值性的共同体。这是继 2019 年年初习近平总书记在中央政法工作会议上首次提出"社会治理共同体"后，党中央正式将这一最新理念写入党的纲领性文件。社会治理共同体概念是围绕国家治理体系和治理能力现代化建设的新时代主题进行的精准回答，进一步创新和丰富了十八届三中全会以来有关社会治理的思想和理论。英国社会学家鲍曼在其

---

[1] 郭烁、张光："基于协同理论的市域社会治理协作模型"，载《社会科学家》2021 年第 4 期。

《共同体》一书中，明确表达了共同体最核心的特点就是像家一样的温馨和相互依赖，是在一个不确定的世界中寻找一种安全感。[1] 从这个意义上来说，无论是哪一种的共同体形式，情感归属与心理认同实际上都是共同体最本质的特征所在。

滕尼斯认为，"关系本身即集合，或者被理解为现实的和有机的生命——这就是共同体的本质"。[2] 共同体的本质是一种关系的结合，是具有生命力的有机结构关系。同时，他强调"人们在共同体里与同伴一起，从出生之时起，就休戚与共，同甘共苦"[3] 的关系，是为了说明共同体中的人们具有共同的利益需求。同样，社会治理共同体也具备上述共同体的一般特性，即以共同地域或利益为基础。另外，他将社会治理共同体通过社会关系中各大主体的意志和精神的体现"默认一致"。当"结构和经验的相似性越大，或者本性、性格、思想越是具有相同的性质或相互协调，默认一致的或然率就越高"。[4] 通常，行动者的一致意向是共同行动的基础性前提，但共同体里人们的一致意向并非通过达成共识这种方式取得。滕尼斯认为共同体所依赖的"共同理解"（common understanding）是内在于共同体而存在的，不需要文字或交流就可以相互理解，这种理解先于所有的一致和分歧。"只有这种理解，在共同体中，人们'才得以保持根本性的

---

〔1〕［英］齐格蒙特·鲍曼：《共同体》，欧阳景根译，江苏人民出版社2003年版，第2页。转引自文军："新型冠状病毒肺炎疫情的爆发及共同体防控——基于风险社会学视角的考察"，载《武汉大学学报（哲学社会科学版）》2020年第3期。

〔2〕［德］斐迪南·滕尼斯：《共同体与社会》，林荣远译，北京大学出版社2010年版，第43页。

〔3〕［德］斐迪南·滕尼斯：《共同体与社会》，林荣远译，北京大学出版社2010年版，第43页。

〔4〕［德］斐迪南·滕尼斯：《共同体与社会》，林荣远译，北京大学出版社2010年版，第59页。

团结，尽管有各种各样的分离因素'。"[1]

值得注意的是，这里鲍曼和滕尼斯所说的共同体是"昔日的共同体"，[2] 也就是还没有进入现代社会的共同体。而现代社会的共同体是否仍不需要达成共识的过程就能形成一致的意向和共同的行为呢？社会治理共同体由不同的参与主体构成，如党委、政府、企业、社会组织、公民个人等，在涉及与他们相关社会事务的重大事项和重大决策时，不同主体之间的想法、诉求和偏好并不总是相似或一致的，而是需要"通过共同行动来展示人的社会力量的，并通过共同行动去证明人的共同体生活的"，[3] 即需要通过共同建设社会、共同治理社会和共同分享治理成果等方式维系共同体，较之社会治理格局，它更加凸显共同体所有主体意向的一致性和行动的共同性，并且根据社会治理的实践经验，这种思想和行动的一致性往往需要通过谈判、协商、交流甚至妥协等方式来达成，这是取得共识和认同的过程，也是在尊重各个治理主体差异化需求基础上整合共同体内部不同意见和偏好的过程。通过这一过程会形成主体间的共识性意向，也就是共同体自身的意向。当各个治理主体之间达成共识性意向后，他们共同的行动会更具有效率。某种意义上，共同体的共同意志即为体现其生命有机体特性的最为核心的内容。

针对社会治理共同体的内涵，有学者认为，不同于传统社会中基于血缘、地缘、情感等自然因素传承而形成的生活共同体，现代社会背景下共同体的内涵更多是"基于特定的任务或目标而

---

〔1〕 ［英］齐格蒙特·鲍曼：《共同体》，欧阳景根译，凤凰出版传媒集团、江苏人民出版社 2007 年版，第 5 页。

〔2〕 张康之、张乾友：《共同体的进化》，中国社会科学出版社 2012 年版，第 4 页。

〔3〕 张康之、张乾友：《共同体的进化》，中国社会科学出版社 2012 年版，第 354 页。

聚集并展开共同行动的任务共同体或目标共同体"。[1] 这种共同体强调的是新型社会关系，且是富有生命力的有机结构关系。因此，"社会治理共同体是围绕社会治理和为了进行社会治理，通过多元协商过程而形成的相互关联、相互促进且关系稳定的行动群体"，[2] 具有倾向于合作行动、持续性的治理网络、多重关系、共识性等特征。[3]

（二）协同治理的理论发展

1. 协同治理理论的基本内涵

对于协同治理理论研究来说，目前已经形成了一个相当庞大的论域，与其相关的术语也已构成了概念丛林。在治理群簇的视域下，要将协同治理与其他概念区分，首要的任务就是对其在治理谱系中进行恰当的定位，其中的关键则是对该理论内涵的本质属性做出准确的界定。另外，理论研究的目的在于应用，如果无法清晰界定理论的内涵，那么其适用性也无法确定。国外学者对于协同治理本体规定性的探讨经历了"由种到属"（on the genus rather than the species）的过程，特别是柯克·艾默生等人对克里斯·安塞尔和艾莉森·加什定义的拓展具有代表性。国外学者对协同治理概念的解析除了具有"治理"属性之外，格外重视对"协同"的分析，格林和马赛亚斯、泰德·费尔曼以及埃米莉·莱等人均对"协同"进行了较为深入的研究。国内学者对于协同治理基本内涵的研究也形成了多种观点，但就目前研究来看，对于其内涵的理解并未脱离"协同理论+治理理论"的框架，同

〔1〕 王亚婷、孔繁斌："用共同体理论重构社会治理话语体系"，载《河南社会科学》2019年第3期。
〔2〕 郁建兴："社会治理共同体及其建设路径"，载《公共管理评论》2019年第3期。
〔3〕 王思斌："社会治理共同体建设与社会工作的促进作用"，载《社会工作》2020年第2期。

时更多地把重点落在对"治理"的描述之上，对于"协同"的深入阐述还有待提高。就协同治理内涵的基本属性研究而言，应该从更加广阔的视角去探寻，可以尝试从历史维度和多学科视角进行研究。

2. 协同治理研究利益相关者的相互关系

尽管对于协同治理内涵的理解从不同角度能够给出不同解读，但一个共识是协同治理的参与主体可以包括政府、市场、社会组织和个体公民。既然是多元主体共同参与到涉及特定问题的公共政策的制定与执行中，那么关于利益相关者相互关系的研究便成为一项不可回避的问题。利益相关者的相互关系是协同治理实践层面的核心内容，也是理论研究的焦点议题。根据现有文献，研究者们都注意到了该问题对协同治理过程的重要影响，也试图对其进行有效分析。比如迈克尔·穆迪按照利益偏好类型将有兴趣参与海湾三角洲供水系统决策制定与治理的利益相关者划分成农业利益相关者、城市利益相关者和环境利益相关者三种类别，根据其不同的利益诉求确定他们在协同治理中的相互关系。[1] 当前，对于利益相关者之间相互关系的研究仍然比较薄弱。主要表现在：首先，研究主要围绕政府展开，对其他主体的研究不够充分。这样将会有回到政府垄断治理的传统模式上的风险，所谓的"协同"将可能沦为其他主体配合政府行动的工具。其次，对利益相关者相互关系的规定性研究不够。协同治理要求不同主体相互配合、协同行动，但目前的研究并没有充分揭示利益相关者之间的相互关系。因此，协同治理的理论研究，应该对此进行更加深入的探讨。

---

[1] Michael Moody, "Everyone Will Get Better Together: How Those Responsible for California's Bay-Delta Water System Understand Collaboration", *International Review of Public Administration*, 2009, Vol. 13, Special Issue, pp. 13-32.

3. 协同治理研究理论运行机制的内在机理

国外学者对协同治理运作机制的研究相对较早。彼得·史密斯·林和安德鲁·范德文描绘出了协同治理的过程框架，他们将协同治理看作"协商——承诺——执行——评价"的循环过程。[1] 伍德和格雷利用"前期——过程——结果"框架描述协同治理的运行机制，他们认为在整个协同治理的过程中需要历经三个阶段，而每个阶段又需要达成不同的条件。[2] 安·玛丽·汤姆森和詹姆斯·佩里则基于前二者的研究，对协同进行了多维度考察，绘制了"协同多维模型"，从五个关键维度将协同过程分解为"作为治理维度的协同治理过程""作为行政维度的协同行政过程""作为自治维度的协调个人与集体利益过程""作为关系维度的打造互利关系过程"以及"作为信任和互惠维度的构建社会资本规范过程"。[3]

而在该模式的具体运作方法中，德国司法实务界与学理上备受推崇的"比例原则"被认为是最具可操作性和客观性的论证框架。[4] 该原则通过"适当性原则""必要性原则"与"均衡性原则"三个子原则循序渐进地考察，从而达成个案中"目的——手段"或"效益——成本"分析，以选择最有利于目的之合理实现或效益最大化的方案。这是一种根据法律决定所可能产生的各种结果来作出合理选择的论证方式，具有明显的"后

---

〔1〕　Peter Smith Ring, Andrew H. Van De Ven, "Developmental Processes of Cooperative Interorganizational Relationships", *The Academy of Management Review*, 1994, Vol. 19, No. 1. pp. 90-118.

〔2〕　Donna J. Wood, Barbara Gray, "Toward a Comprehensive Theory of Collaboration", *Journal of Applied Behavioral Science*, 1991, Vol. 27. p. 139.

〔3〕　Ann Marie Thomson, James L. Perry, "Collaboration Processes: Inside the Black Box", *Public Administration Review*, December 2006, pp. 20-32.

〔4〕　蔡震荣：《行政法理论与基本人权之保障》，台北五南图书出版有限公司1999年版，第134页。

果考量"之性质。

国内学者的研究中，将协同治理的方法运用到市域社会治理中，并将该治理协作模型分为三大机制，即协同形成机制、协同实现机制以及协同约束机制。其中，协同形成机制是模型的起点，回答了治理协同"为什么"的问题；协同实现机制是模型的核心，基于序参量的选择和管理，回答了协同"怎么办"的问题；协同约束机制是模型的保障，贯穿于治理协同的全过程，确保了协同的有序运行。并提出在治理协同的具体实践中，应当注意坚持目标统领、问题导向、以人民为中心的协同原则，把握好主体协同、领域协同、区域协同三个协同维度，通过完善体系架构、健全政策规制、促进社会参与、强化绩效考评、推进能力提升和加强技术支撑等手段，不断增强治理的协同效应和实际效果。[1] 尽管该文是从社会治理的角度对协同模型的机制进行的研究，实际上，人体试验受试者的自我决定权与社会公共利益的协同模型也可以从中得到有益的参考。

（三）协同治理与社会治理共同体的逻辑基础

协同治理是新型的国家治理模式，它逐渐替代对抗性、管理型政策制定与实施模式，允许不同利益相关者进入决策制定过程，使得不同的利益主体成为社会治理的共同体。这种开放性的决策方式与针对性的公共议题使其至少在巩固民主与改善民生两个层面体现出独特的价值：首先，从巩固民主的层面来说，在20世纪初期，公共行政学科的兴起确定了政治和行政的二分法，把公民参与限制在界定国家意志的政治领域，主张"公民参与日常行政管理活动是对政府日常工作细节的监督和政府日常管理措施的选择直接施加批评，这无疑是一种笨拙的妨害，就像乡下人

---

〔1〕 郭烁、张光："基于协同理论的市域社会治理协作模型"，载《社会科学家》2021年第4期。

操作难以驾驭的机器"。[1] 实际上，公民参与是民主的题中之义与内在要求，同样地，受试者决定是否参与人体试验同样是维护其自我决定权与社会公共利益相协调的应有之义。科恩认为，"民主决定于参与——即受政策影响的社会成员参与决策"。[2] 无论是民主的广度（取决于社会成员是否普遍参与）还是民主的深度（取决于参与者参与是否充分、参与的性质）都与公民参与密切相关。同时，罗伯特·达尔提出的民主过程的五项标准中，第一条便是"有效的参与"。他认为，"在政策被社团实施之前，所有的成员应当拥有同等的、有效的机会，以使其他成员知道他对于政策的看法"，[3] 否则，就会造成决策权实际掌握在极少数人手里的情况，这有悖于民主原则。公共行政学将公民参与排除在行政领域之外，造成了民主与行政的分离。然而，在公共行政实践中，民主与行政却是无法截然分开的。从公共行政的性质和目的来看，它执行公共决策、进行行政管理的最终指向是服务于社会发展和公共利益的，因此，公共决策的制定与执行必须遵循民主的原则，接受社会公众的监督甚至批评。从这个意义上讲，要切实维护人体试验受试者的整体利益，就离不开每个受试者自我决定权的保护。而且，协同治理理论认为，公民不仅是治理的对象，而且是治理的主体，并承认参与主体在协同过程中的平等地位，主张不同参与主体均具有参与议题讨论和政策制定的权利。那么，人体试验受试者参与人体试验的过程中同样既是试验的客体，更是决定是否参与的主体，应当承认其个人利益与社会公共利益的协同。"协同治理理论契合了公民参与的民主理

---

〔1〕　Woodrow Wilson, "The Study of Administration", *Political Science Quarterly*, Jun, 1887, Vol. 2, No. 2, pp. 197-222.

〔2〕　[美] 科恩：《论民主》，聂崇信、朱秀贤译，商务印书馆1988年版，第12页。

〔3〕　[美] 罗伯特·达尔：《论民主》，李柏光、林猛译，商务印书馆1999年版，第43~44页。

想，并为其发展与完善提供了一个崭新的契机。"[1]

尽管目前，对于社会协同理论的研究更多是从公民参与民主的视角展开的，如韩国学者金先赫讨论了公民参与巩固新兴民主的五种方式：①公民参与能够洞察与鉴别被先前专制政权或（和）现存政党所忽视、低估或隐匿的新型议题与偏好；②它为个体公民自我表达和身份识别提供了更加直接的渠道，从而能够缓解公民间的疏离感和政治冷漠；③公民参与能够使社会团体内部的预期相对稳定，为居于统治地位的国家机关提供更多聚合性、可信赖、可控诉的信息资源；④它能够使行为符合民主规范，从而增强民主的合法性，使其成为"不二之选（only game in town）"；⑤公民参与能够为抗衡统治者的蛮横与专断提供潜在的蓄力与源泉。学者王绍光则强调社会的内部效应，认为公民参与社团可以培育合作习惯和公共精神，培育互信、互惠、温和、妥协、谅解、宽容的品性，培育与人交往、共事的交流技能。[2] 不过，协同治理以其动态性和多元性提升了公民的参与程度，在协同治理体系中，政府、市场、社会和公民处于相互依赖的协同网络之中，并不断寻求联系和互动。在这样的治理结构状态下，除政府之外，市场组织、社会组织和公民都能够平等地表达利益诉求、参与决策制定，并结成伙伴关系协力解决公共问题。在人体试验的过程中，受试者的自我决定权与社会公共利益之间同样需要利用协同的理论，探讨如何更好地平衡二者的关系，以实现二者之间的共同发展。

---

[1] 杨清华："协同治理与公民参与的逻辑同构与实现理路"，载《北京工业大学学报（社会科学版）》2011 年第 2 期。

[2] 王绍光：《民主四讲》，生活·读书·新知三联书店 2008 年版，第 116 页。

第四节　受试者自我决定权与社会公共利益
协同的法理基础

德国物理学家 H. 哈肯认为，在协同理论中"单个组元通过它们的协作才转而创建出这只无形的手，我们称这只使一切事物有条不紊地组织起来的无形之手为序参数……序参数由单个部分的协作而产生，反过来，序参数又支配各部分的运行"。[1] 受试者自我决定权与社会公共利益也是现代社会中单个的组元，应当通过二者的协同合作使人体试验受试者的权利保护和社会公共利益有条不紊地组织成为序参数，再由序参数支配他们的协同运行。

一、受试者自我决定的个人权利与社会公共利益的关系

与公共利益相比，个人利益或权利的判断比较容易。美国学者庞德认为，"有些直接包含在个人生活中并以这种生活的名义而提出的各种要求、需要或愿望。这些利益可称为个人利益"。[2] 因此，个人利益是单个的社会成员对能够满足其各种需要的客观对象的确认，是满足社会成员个人需要的客观存在。作为一对相对应的古老概念，公共利益与个人利益之间的关系一直为学者们所关注。罗马时代的学者西塞罗认为，公共利益与个人利益是对立的，强调"公益优先于私益"。18 世纪，法国唯物主

〔1〕 〔德〕赫尔曼·哈肯：《协同学——大自然构成的奥秘》，凌复华译，上海世纪出版集团、上海译文出版社 2001 年版，第 7 页。
〔2〕 〔美〕罗·庞德：《通过法律的社会控制——法律的任务》，沈宗灵、董世忠译，商务印书馆 1984 年版，第 37 页。

义学者爱尔维修同样主张个人利益不能违背大多数人的公共利益，要求以法律手段约束权力的拥有者，使之从对"权力之爱"转变为为"大多数人的幸福"和为公众服务；同时以法律约束和制导民众，使个人利益与公共利益紧密地联系起来。[1] 18世纪末19世纪初，英国功利主义法学家边沁认为，法律的一般和最终目的是社会的最大利益，立法者的职责是在公共利益和私人利益之间造成调和，政府的职责就是通过避苦求乐来增进社会的幸福，以及"最大多数人的最大幸福是判断是非的标准"。[2]实际上，边沁的主张是"个人利益是唯一现实的利益，社会公共利益只是一种抽象，它不过是个人利益的总和"，从而否定了公共利益的存在。德国法学家耶林最早将"社会利益"与"个人利益"相结合，并着重强调"社会利益"。他的"社会利益"学说构成了利益法学的直接思想渊源，而且推动了资本主义法律由个人本位向社会本位的转变。[3] 德国公法学者哈特穆特·毛雷尔则认为，公共利益与个人利益是"有时相互一致，有时相互冲突的"。[4] 因此，当前，关于个人利益或者个人权利与社会公共利益之间的关系，主要有冲突论和对立统一论两种理论。

（一）个人权利与公共利益相互制约

博登海默认为，社会成员的私人利益有时与公共利益产生冲

---

〔1〕 参见赵震江主编：《法律社会学》，北京大学出版社1998年版，第244~245页。

〔2〕 参见［美］E.博登海默：《法理学：法律哲学与法律方法》，邓正来译，中国政法大学出版社1999年版，第106页。

〔3〕 参见刘全德主编：《西方法律思想史》，中国政法大学出版社1996年版，第135~138页。

〔4〕 ［德］哈特穆特·毛雷尔：《行政法学总论》，高家伟译，法律出版社2000年版，第40页。

突，甚至侵害和危及公共利益。[1] 个人权利和公共利益的冲突在公共安全事件中将被明显放大，政府及医疗卫生部门的权力边界也体现出明显的扩张，由此冲突的协调与个人利益的保护成为亟待解决的问题。马克思主张，公共利益对个人权利的制约，不是否定私人利益与个人权利，而是"应当避免重新把'社会'当作抽象的东西同个人对立起来"。[2] 哈耶克认为，如果所有的人发现根据某种互惠对等原则使特定群体的利益得到满足，则对他们来说，意味着一种大于他们不得不为此承担的税赋的收益，只有在这种情形下，一种集体利益才会成为普遍利益。[3] 社会生活中，利益的不平衡或冲突需要法律用公平和正义作为价值判断加以调整，由于资源实质上是全社会的，其最终利用的目的应该是为全社会的利益服务。科塞提出，权利冲突有益于社会，个人权利与公共利益相互制约，也可以协调一致。他说："冲突经常充当社会关系的整合器。通过冲突，互相发泄敌意和发表不同的意见，可以维护多元利益关系的作用。"[4] 从法治观点看，其基本目标是，确保个人权利、公共利益及各种权利关系的协调发展，促进社会公平和正义的实现。为此，政府不仅要积极提出公共问题的解决方案，而且有责任确保个人利益在实质上和程序上都与公共利益保持一致。根据哈贝马斯的沟通理论，如果法律关系主体双方能真诚协商，积极参与对话，则二者之间就比较容易达成一致。德沃金反对以个人为中心的权利理论，也反对一般利益至上，强调对二者进行选择和折中，其结合点就是平等。因

---

〔1〕　［美］博登海默：《法理学》，潘汉典译，法律出版社 2015 年版，第 79 页。

〔2〕　《马克思恩格斯全集》（第 4 卷），中共中央马克思恩格斯列宁斯大林著作编译局译，人民出版社 1979 年版，第 122 页。

〔3〕　参见［英］哈耶克：《法律、立法与自由》，邓正来等译，中国大百科全书出版社 2000 年版，第 5 页。

〔4〕　［美］L. 科塞：《社会冲突的功能》，孙立平等译，华夏出版社 1989 年版，第 144 页。

此，个人权利与公共利益的协调是必要的，也是可能的。

（二）个人权利与公共利益相互依存

公共利益实际上是一个高度抽象化的法律概念，从哲学学者到法学学者都对其进行了广泛的探讨和构想。社会共同利益往往涉及公民共同的重要的基本权利，如公共卫生事件中大多数人的生命健康权等。人体试验受试者的自我决定权是受试者享有的具有区分性的特别权利，也包括其在社会中所分享的共同利益。因为公共利益是以个人权利为基础所形成的，因而两者之间具有内在的一致性。[1] 而且，在马克思主义关于人与社会的本质及其关系的经典理论中，唯物史观也为我们理解公共利益与个人利益之间对立统一的相互依存的关系提供了重要理论支撑。马克思认为，人的本质是人的真正的社会联系，人在积极实现自己本质的过程中创造、生产人的社会联系、社会本质，"应避免重新把'社会'当作抽象的东西同个人对立起来。个人是社会存在物。因此，他的生命表现，即使不采取共同的、同其他人一起完成的生命表现这种直接形式，也是社会生活的表现和确证"。[2]

一方面，公共利益离不开个人权利。在市场经济中，社会联系以物的联系为基础，这时的个体与整体、自由与秩序就成为并存的两个原则。根据黑格尔的阐述，市民社会的两个原则，一个是"普遍性形式"，另一个是"具体的人作为特殊的人本身就是目的"，这两个原则并存，即整体平衡不是以否定人的个性自由为前提，而是以个体的自由竞争和创新为前提。立法上，法的普遍性决定了只有普遍性个体利益才能获得法律形式，个别化的个

---

〔1〕 范旭斌："论公共利益与个人利益的平衡"，载《云南社会科学》2009 年第 6 期。

〔2〕 《马克思恩格斯全集》（第 42 卷），中共中央马克思恩格斯列宁斯大林著作编译局译，人民出版社 1979 年版，第 122~123 页。

体利益因其不具有普遍意义而不为法律所许可。普遍性的个体利益在获得法律形式之后，便具有"公共利益"的性质。因此，公共利益无法脱离个人利益而存在，而公共利益的实现也是以肯定个人权利为前提的。

另一方面，个人权利离不开公共利益。庞德曾举过一个著名的例子：某甲控诉某乙偷了他的手表，要求归还原物，或给予相应的赔偿。这时，某甲的主张是以维护个人物质利益和私有财产权为基础的，但另一方面，这种要求也是与保障所有权的社会利益、社会关系相一致的，因为某乙的行为既破坏了某甲的私有财产权，也破坏了社会公共秩序。正如凯尔森所说："维护私人利益也是合乎公共利益的。如果不然的话，私法的适用也不至于托付国家机关。"〔1〕实际上，没有脱离个人的抽象的社会，也不存在超越所有个人利益之上的抽象的公共利益，个人利益与公共利益是统一不可分的，犹如百川之于大海，独木之于森林。马克思说，"共同利益就是自私利益的交换，一般利益就是各种自私利益的一般性"，"共同利益恰恰只存在于双方、多方以及存在于各方的独立之中"。〔2〕因此，国家和社会的生存发展依赖于个体成员的生存发展，没有私人利益和个体权利，社会的生存发展是不可能的。同样，个体的存在依赖于社会和国家，公共利益在一定程度上是满足社会成员发展需要的利益。

总之，人体试验中，受试者自我决定权是对自我决定的个人人格权利的保护，而研究者从事人体试验则是为了社会公共利益，这两种利益属于"利益共同体"。"共同体"（Gemeinschaft，英文翻译为 community）是 1887 年德国社会学家滕尼斯

---

〔1〕 ［奥］汉斯·凯尔森：《法与国家的一般理论》，沈宗灵译，中国大百科全书出版社1996年版，第232页。

〔2〕 《马克思恩格斯全集》（第46卷），中共中央马克思恩格斯列宁斯大林著作编译局译，人民出版社1979年版，第197页。

（Ferdinand Tönnies）首次提出并加以分析的一个社会学概念，滕尼斯所认为的"共同体"是一个由同质人口组成的关系密切、休戚与共、出入相友、守望相助、疾病相抚的具有共同意识和情感的社会生活共同体。[1] 现在，这一概念的形式和内涵都发生了很多变化，不仅出现了"职业共同体""利益共同体"等带有外在取向的实体性的共同体概念，还出现了"情感共同体""文化共同体"等带有内在取向的价值性的共同体概念。其总体上呈现出了从"有形"到"无形"、从"封闭"到"开放"、从"断面的"到"历史的"、从"一体化"到"多样化"等的拓展和深化。习近平总书记在中共十九届四中全会报告中阐述有关"共同体"的观点时，还提出了"人类命运共同体""中华民族共同体"和"社会治理共同体"三个概念。某种意义上，人体试验也是为了人类公共利益的实现，是受试者自我决定权与社会公共利益同属于"人类命运共同体"所涵盖的范畴。

二、人体试验受试者自我决定权与社会公共利益关系的逻辑要理

美国大法官 Banjamin Cardozo 曾经说过："一个心智健全的成年人，有权利选择自己的身体接受哪种方式的对待。知情同意使得侵袭性的试验行为具有正当性。"[2] 2020 年我国国家药监局《药物临床试验质量管理规范》第一章第 3 条规定："药物临床试验应当符合《世界医学大会赫尔辛基宣言》原则及相关伦

---

〔1〕［德］斐迪南·滕尼斯：《共同体与社会——纯粹社会学的基本概念》，林荣远译，商务印书馆 1999 年版，第 52~54 页。

〔2〕原文为："Every human being of adult years and sound mind has a right to determine what shall be done to his own body." See Schloendorf v. Society of New York Hospital, 211 N. Y. 125, 105 N. E. 92（1914）.

理要求，受试者的权益和安全是考虑的首要因素，优先于对科学和社会的获益。伦理审查与知情同意是保障受试者权益的重要措施。"人体试验受试者的自我决定权是受试者主体性、价值性的体现，是受试者的自主、自觉、自我选择和自我决定的全体意义的凝结。因为"关于权利的语言是一种特别有力的表达方式，它表达的是尊重个人，尊重他的价值和尊严，以及尊重他作为自主的道德行为者的地位"。[1]

实际上，权利是一种重要的利益调整机制，人体试验受试者的自我决定权和社会公共利益之间有着天然的必然联系。从某种意义上讲，当人体试验受试者的自我决定权和社会公共利益发生冲突时，侧重于保护人体试验受试者自我决定权还是侧重于保护社会公共利益属于两种主要的道德理论。前者是"平等的个人自由"（康德式）型，即把善等同于共同体或社会中每个人的平等自由；后者是"整体福利"（功利主义）型，即把善等同于作为整体的共同体或社会的整体福利或总福利。

（一）康德式的自我决定权与社会公共利益逻辑要理

康德式的自我决定权是建立在平等的个人自由基础之上的道德理论，它赋予个人的自治和权利以一种绝对的、首要的地位，而不是因情况而异的、衍生的。这种自由理念意味着的不是完全不受限制的自我决定，而是自我立法，即以普通法则为根据的自我决定。[2] 在康德的法权理论中，自由的行使的内在方面就是一个人的行为只服从于具有普遍法则的资格者，而不能被他人强制。因此，康德式的自我决定权观下，人体试验受试者的自我决

---

〔1〕　陈弘毅："权利的兴起：对几种文明的比较研究"，载《法理学（法史学）》1997 年第 3 期。

〔2〕　See Immanuel Kant, *The Metaphysics of Morals*,（Mary Gregor trans., 1991）397.

定权是一种自由以及通过自由而构建的道德人格，是每一个理性的存在者的固有的、内在的、规定性的特征。正是这种自由意志或自由的拥有给予每一个理性的存在者以道德价值，即一种对于所有理性的存在者而言平等的绝对道德价值。所以，基于康德式的自我决定权与社会公共利益要理，社会公共利益并不必然高于人体试验受试者的自我决定权，只有当受试者对人体试验充分了解后基于自我决定，才可以对其进行人体试验。正如康德所说，不尊重作为自我立法的理性的存在者的任何人（包括你自己在内）的绝对道德价值，无论你是否允许别人不以适当的尊重对待你，在道德上都是错误的。[1]

（二）功利主义型的自我决定权与社会公共利益逻辑要理

功利主义理论将个人主义与善的整体性、实质性结合起来，虽然落脚点是个人，但是不是根据个人被定义的，而是根据功利或者最大的幸福这一基本原则，被定义为相当于作为整体的社会的个人福利总数的最大化。作为社会总福利的总和的平等的、可替代的加数，每个人都只是同等的、在方法论的意义上有价值。只要会因此带来更大的总数的总福利，任何个人的福利都能够并且应当被牺牲。[2] 所以，从功利主义的理念出发，只要能够实现社会公共利益这一总福利，就可以忽略人体试验受试者个人的自我决定权，牺牲他们的个人福利。尽管个人组成社会，促进社会福利会增进社会（至少某些）个体成员的利益，但是反之亦然。共同的善这一共同体理念逐个附属于社会成员的个体福利，以扩大集体的公共福利。自治权，或者更确切地说是人体试验受

---

　　〔1〕 Immanuel Kant, *Foundations of the Metaphysicsc of Morals*, （Lewis W. Beck trans., 1959） at 430, n. 14.

　　〔2〕 ［美］戴维·G. 欧文主编：《侵权法的哲学基础》，张金海等译，北京大学出版社 2016 年版，第 163 页。

试者的自我决定权，在共同体理念内没有任何内在价值，只是在作为增进社会公共利益的手段时是有价值的。

（三）自我决定权与社会公共利益逻辑要理的完善

人体试验受试者参与人体试验不仅行使个人的自我决定权，还应当维护社会公共利益，保守人类社会共同的价值观，这是自我决定权与社会公共利益之间逻辑要理完善的基本原则。美国学者德沃金曾经说过："比起其他人，每个人应该都最清楚自己的最佳权益所在……从长远的结果来看，我们最好还是要承认确实存在着一种普遍的自主权，而我们也应该尊重这种权利；就算我们认为别人做了错误的决定，我们也不应该借由扣住这种权利，进而扰乱他们的生命。"在这一前提下，能够成为自我决定权界限的标准便应尽量具体和细致，在充分尊重受试者自我决定权的前提下审慎考量。对此应当采取整体的观念，人体试验并非孤立的事件，自我决定权也不是偶然出现，他们都是人类生活的连续体现的结果。

人体试验受试者与社会公共利益之间的关系，是当事人身体要素与他人和社会之间的关系。进行人体试验并非绝对的个人自主权益，还应当维护社会公共利益和公序良俗，遵循人类社会共同的价值观，避免因为制造生命或者延续生命的所谓科学进步而导致人的尊严破坏、社会体制结果的改变以及社会公共利益受到影响等问题。但是，这里的问题在于，应当由谁、以何种标准判断社会公共利益。对此，各国法律大多设立了由各方面的专家组成的伦理审查机构。但是，即使在同一法律规定下，不同的伦理审查机构也可能得出完全不同的结果，这直接影响当事人的生命健康。同时，受试者的自我决定权是必须予以尊重的。自我决定权是人的尊严的核心，在生命、自主和尊严之间的价值冲突中做出选择只能在个案中寻求平衡。不过，总的来说，应当不断完善人体试验受试者的自我决定权与社会公共利益的内在逻辑要理，禁止为了社会公共利益而无视甚至侵害受试者的自我决定权。

第五节　受试者自我决定权与社会公共利益协同的具体规则

知情同意作为最根本的临床伦理原则，指在人体试验中，医务人员秉承"对患者负责"的伦理原则，向受试者告知有关临床试验或治疗的各方面情况（如所需技术手段、诊治方法、预期益处、潜在危险等），受试者在权衡利弊的基础上，自愿同意参加该项人体试验的全过程。新冠疫苗的研制过程中，不论人体受试者还是研究者都是整个人体试验的共同参与者，而不是法律关系的对立双方。英美等国的自我决定权是先有医学伦理上的自省、辩论与孕育，最后才上升为法律；而我国，自我决定权是由法律所规定的义务来推动伦理改革。其间的差异在于伦理学和法律学两个领域性质的不同：伦理学是应然（ought to be），强调的是个别的情境与关系；而法律学是必然（must be），强调的是普遍一致的原则与概念。这种单一性、一致性的法律思维容易忽略实际的医疗互动的立体性和个别性，在相当程度上造成了研究视角的偏颇，制约了人体试验领域的拓展和有效性成果的推出，并极大地影响了人体试验最终目标的实现。实际上，人体试验的过程，是受试者的自我决定权与社会公共利益协同的过程，因此，我们应当积极拓展研究的视野，通过法律和伦理两个方面的相互配合，以一种科学的基础理论指导操作实务和理论研究。作为现代科学基础理论的"协同学"理论提供了新的更为有效的探索进路。

一、人体试验受试者自我决定权与社会公共利益协同基本原则概述

协同的核心议题应当是以宏观的角度，从社会整体层面确定人体试验产生的利益由谁享有和负担由谁来承受，避免试验的负面效果完全由社会中下阶层承担，而利益则由拥有资源者独享。

尊重人的自由与争取人的最大利益之间的不同是生命伦理学中所存在的深刻的冲突，这里所指的"人的最大利益"即为社会公共利益。因此，2020 年 6 月 1 日生效的《基本医疗卫生与健康促进法》第 32 条在延续了手术、特殊检查、特殊治疗时"知情同意制度"的基础上，增加了"开展药物、医疗器械临床试验和其他医学研究应当遵守医学伦理规范，依法通过伦理审查，取得知情同意"的规定。

在临床试验实施者处于强势地位的背景下，单方面强调人体试验受试者的自主性，会导致法律把重心放在实施者的告知义务上。单纯通过强调自我决定权达不到真正的知情同意，反而不能确保他们的利益不受损害。知情同意就是人体试验双方的共同决策过程，因为只要求人体试验受试者的自我决定和实施者的判断力，并不能在医疗决策过程中充分保护参与者。[1] 自主性不是个人的自我选择，而是强调试验者和受试者彼此的义务和权利。这样，知情同意就不会被理解成一方告知、另一方同意的过程，而是一种互相交流的过程。[2]

---

〔1〕　Jay Katz, *The Silent World of Doctor and Patient*, New York: The Free Press, A Division of Macmillan Inc., 1984, p. 85. 转引自朱伟：《生命伦理中的知情同意》，复旦大学出版社 2009 年版，第 25 页。

〔2〕　Onora O'Neill. "Rethinking Informed Consent after Declaration of Helsinki", 2006 年 8 月在北京第八届世界生命伦理学大会上的发言。转引自朱伟：《生命伦理中的知情同意》，复旦大学出版社 2009 年版，第 15 页。

依据康德的理论，如果受试者的尊严和价值未被平等对待，新医学技术的发展不论未来能成就多少人的福祉，都是不符合正义的。因此，受试者自我决定权的保障应当优先于试验利益。这两种价值的冲突普遍存在于各国的人体试验政策中，而不同国家也有不同的取舍，若干先进的技术输出国特别重视研究发展，因此偶有让医学研究利益凌驾于保护受试者的情形也不意外，即受试者自我决定权和公共利益的协同。

受试者作为弱势群体，理应受到普遍人权理论的关怀。不仅如此，对受试者进行特殊的倾斜性保护，缓和弱势群体与强势群体之间的矛盾与冲突，也是建设中国的内在要求。[1] 在协同应对机制的理论指导下，我们应当根据该冲突的全生命周期和内外部环境的演化，不断调整应急协同组织网络结构、大小、资源等各方面属性，不断协调应急协同参与主体及其相互作用关系，构建更具动态性、柔性、适应性的组织网络。基于复杂自适应系统理论，在危机应对组织网络中加入时序元素，将时间切片引入社会网络分析，构建危机应对组织网络动态演化分析框架。[2] 在对受试者开展人体试验的过程中，以获取更多的预防和治疗新冠肺炎的信息，完善社会公共利益的情况下，切实保护受试者的自我决定权。

---

〔1〕 付子堂："法治体系与人权保障"，载《法学研究》2013年第2期。

〔2〕 郭雪松："突发公共卫生事件协同应对机制研究——以新冠肺炎疫情应对为例"，载《四川大学学报》2020年第4期。

二、人体试验受试者自我决定权与社会公共利益协同的基本原则与制度建构

（一）人体试验受试者自我决定权与社会公共利益协同的基本原则

公共利益的实现内在地包含了个人权利的实现。如果个人权利的实现以牺牲公共利益为代价，那么个人权利将丧失法理基础，也不具备法律保护的前提。所以，社会公共利益的实现同样内在地包含了人体试验受试者自我决定权的实现。这是人体试验受试者自我决定权和公共利益冲突解决的前提性原则。解决二者的冲突首先要遵循的是"公益优先原则"，其次是"利益平衡原则"。

1. 公益优先原则

公共利益是一个高度抽象化的法律概念，从哲学界到法学界都引起学者们的广泛讨论与构想。第一种公共利益的概念是"社会福祉"，与经济学上公共物品（public good）的概念类似，主要表现为具体的利益与福祉，如公共交通、公共安全、环境改善等。第二种公共利益的概念是"共同善"，相比于"社会福祉"，这种理解方式体现为更抽象的政治与道德价值。阿奎那的公共利益即可以作此理解，包含社会的良善风尚、社群共享的基础价值或理念。通常而言，我国法律语境中的公共利益便是在此层面上展开的。在平等主义构想中，公共利益要求惠及每一个社群成员的共同拥有的利益。[1] 在某一层次上表现为社会的共同利益。社会共同利益往往涉及公民共同的重要的基本权利，如公共卫生事件中大多数人的生命健康权等。

---

〔1〕　王凌皞："公共利益对个人权利的双维度限制——从公共利益的平等主义构想切入"，载《华东政法大学学报》2016 年第 3 期。

姜明安教授认为，"公共利益"并非完全抽象无法确定的，其基本标准是"公共性"，即该利益是相应社会共同体（社会共同体可以是国家、地区、社会组织，乃至地球村）全体成员或大多数成员的利益，而不是个别成员或少数成员的利益。某种利益是不是"公共利益"，我们当然不能只看行为者自己所作的主观目的宣示，而要通过分析其行为内容、行为过程和行为客观结果（是否为相应社会共同体全体成员或大多数成员提供福利）而找出问题的答案。[1]

而所谓公益优先，是指政府运用公权力对自由竞争导致的损害公益的结果进行矫正，使公共利益与个人权利协调发展。由于人的社会性，人的自己决定权不仅与私事有关，也与社会有各种联系。因此，自己决定权虽应受到高度保障，但是并非绝对的权利。2003年"非典"时，李龙等指出抗击疫情中限制人身自由的强制措施虽然确实存在合法性上的瑕疵，但在疫情防控中，限制人身自由的强制措施既有理论的可欲性，又有现实的必要性。[2]而且，虽然自该疫情发生后，我国紧急出台了《中华人民共和国传染病防治法》，但是因权利均衡的理论性和抽象性有时难以在具体实践中直接运用。所以，尽管人体试验与疫情防控并非同一问题，但是其中个人权利和社会公共利益之间协调的原则具有一致性，人体试验受试者个人权利和社会公共利益的公益性这两者的均衡也存在着公共利益优先和个人权利保护的边界问题。

在协同论发展的过程中，哈肯教授把适用于平衡态的信息理论开拓为描述非平衡相变的普适理论，使协同论的普适性更强，也使信息理论获得了新的活力。他在引用信息的概念来解决自组

---

〔1〕 姜明安："'公共利益'与'公共利益优先'的限制"，载 http://docin.com/P-551930188.html，最后访问日期：2022 年 3 月 8 日。

〔2〕 李龙等："正确认识和处理政府危机管理中的若干重大关系——抗击 SARS 行为的法律分析与思考"，载《湖北大学学报（哲学社会科学版）》2004 年第 2 期。

织系统通过非平衡相变出现宏观结构的问题时，发现一种新型的信息，称为"协同信息"。[1] 协同信息取决于序参量并反映系统集体性质，从社会科学的角度而言，某种意义上"协同信息"因其"集体性"便是公共利益的反映。

2. 利益平衡原则

利益平衡原则既包括对个人权利的限制，也包括对公共利益的适当限制，使二者能够依据正义原则协调发展。毛甘说，如果不考虑国民的私人利益，就不可能界定公共利益。路易斯·亨金确立的"平衡个人利益与公共利益"的原则是：政府在行使任何权力时，都应把个人意见、个人生命、自由和财产等考虑进去，但"有时公共利益可能会高于个人权利"；有些权利是根本的或优先的，只有公认的紧迫性公共利益才能凌驾其上。[2] 原则上，为了追求不可或缺的公共利益时，可以对自己决定权加以限制。公共利益优先原则下权力扩张虽然具有正当性和必要性，但个人权利的保护也非常重要，因此，权力扩张的同时应当强调法治塑造和理性回归，不能因片面追求公共利益而牺牲个人权利。而且，公共利益与个人利益的关系并不是非此即彼，尽管在特殊情况下两者存在冲突，但协调和一致仍是两者关系的基调。公共利益优先原则规定了个人权利与公共利益的位序，但这种优先取舍的具体适用情形以及如何进行取舍都需要进一步地分析和细化。信息在系统演化中的重要作用体现在自组织系统发生非平衡相变时，系统信息的改变取决于协同信息的改变。[3] 所以，从技术层面上讲，要构建人体试验受试者自我决定权和社会公共

---

〔1〕　吴大进等：《协同学原理和应用》，华中理工大学出版社1990年版，第372~378页。

〔2〕　[美] 路易斯·亨金：《宪政、民主、对外事务》，邓正来译，生活·读书·新知三联书店1996年版，第151页。

〔3〕　黄顺康：《公共危机管理与危机法制研究》，中国检察出版社2006年版，第114页。

利益的协同治理机制，首先需要搭建一个现代化的信息平台，为指挥系统的决策提供依据，为多方信息的交流和协调提供便利，为快速反应提供支持，使人体试验受试者自我决定权和社会公共利益之间产生协同效应。

在这次世界范围内的流行性疾病——新冠肺炎的应对中，采用人体试验的方式来获取诊疗的方法便体现出个人权利与社会公共利益之间关系的构造。2020年3月21日《人民日报》报道我国新冠疫苗第一次在人体开始了临床试验——重组新型冠状病毒（2019-COV）疫苗（腺病毒载体）Ⅰ期临床试验。试验的目的，是测试和评价重组新冠病毒疫苗（腺病毒载体）的安全性和有效性。[1] 2020年10月20日，我国已经有13个疫苗进入了临床阶段，其中灭活疫苗和腺病毒载体疫苗，两种技术路线共4个疫苗进入了三期临床试验，这4种疫苗截至新闻发布时已经约有6万名受试者接种，未接到严重不良反应报告。[2] 尽管我国的新冠疫苗在三期的临床试验（或称人体试验）中没有严重不良反应，但是也有部分轻微不良反应的发生。而且，在疫苗被证明其效力之前，没有人能够保证其具有百分之百的安全性，那么，在人体试验受试者自我决定权与公共利益难免发生冲突时，个人权利的适当妥协是具有正当性且必要的。要在确立公共利益优先于个人权利的基础上，兼顾个人正当权利的保护。例如，德国法便是将比例原则界定为公权力对公民个人权利的侵害必须能够实现公共利益的价值取向，并且不给个人带来过度的损害。[3]

---

〔1〕 "中国新冠疫苗开始人体注射实验：首批志愿者已注射"，载人民日报社：https：//baijiahao.baidu.com/s？id=1661758802794972017&wfr=spider&for=pc，最后访问日期：2021年8月24日。

〔2〕 "4个新冠疫苗进入临床三期试验 我国疫苗何时上市？如何定价？你想知道的都在这里"，载央视新闻：https：//baijiahao.baidu.com/s？id=1681060956661653216&wfr=spider&for=pc，最后访问日期：2021年9月26日。

〔3〕 王名扬、冯俊波："论比例原则"，载《时代法学》2005年第4期。

（二）人体试验受试者自我决定权与社会公共利益协同制度的构建

目前，有关人体试验受试者自我决定权和社会公共利益之间协同的法律、法规方面属于空白，对于二者之间的规范仅限于伦理性原则的规定。即使是关于人体试验受试者权益的保护，我国也仅是在刚刚生效的《民法典》中将受试者的知情同意（即自我决定权）纳入了自然人身体权的范畴，此前一直适用的是原卫生部的《涉及人的生物医学研究伦理审查办法（试行）》和原国家食品药品监督管理局的《药物临床试验质量管理规范》两个部门规章。相关的国际公约、伦理规范或法律规范中也均强调了受试者权益保护的首要地位。如《赫尔辛基宣言》第6条规定："涉及人的医学试验中，受试者个人的健康应当优先于其他一切利益。"联合国教科文组织《世界生物伦理与人权宣言》也明确指出："受试者的权利、安全和健康是试验中最重要的考虑，应当超越其他一切科学和社会的利益。"[1]

因此，构建二者之间的协同治理机制的首要任务便是对于相关法律、法规的补充和完善。

从协同学的视角分析，国家也是人类社会的一种有序结构，以及系统协同效应的体现。国家的出现是人类社会自组织的结果，而法律作为国家意志的体现，则是各种系统要素相互作用以及形成自组织所遵循的重要规则。法律是人们所遵循的正式规则之一，除此之外，人们还遵循包括价值信念、伦理规范、风俗习性、意识形态等在内的非正式规则。而从协同学分析，法律同样是系统各种元素、变量非线性相互作用、自组织形成的结果。在一定程度上，协同形成法律，法律形成秩序和结构，而人体试验

---

〔1〕　岳业鹏："人体临床试验受试者的权益保护——民法典草案述评之八"，载《检察日报》2020年3月25日，第7版。

受试者的自我决定权与社会公共利益的协同便应当遵循这些法律形成的秩序和结构。法律是二者外部控制的参量,规范和约束着各个子系统的协同运作、行为方式和关联方式,从而形成了二者之间协同的有序结构。

三、人体挑战试验中受试者自我决定权与社会公共利益的协同

人体挑战试验(human challenge trial,HCT)是人体试验中一项特殊的类型,又被称为控制性人体感染试验(control human infection,CHT)或志愿感染试验(volunteer infection studies),是指主动将健康受试者暴露于病毒风险中,使其感染病毒后再对其进行疫苗接种,从而检测疫苗的安全性和有效性。这种人体试验的核心是在有生物安全保护和治疗设施的条件下,通过刻意地感染病毒或挑战人类志愿者,并在封闭的医疗设施中观察志愿者对感染反应的全部过程,从而获取对病原机制及药物有效性的信息,或者比较几款备选疫苗的优势和劣势。这种试验通常被用在疫苗试验的早期,因为刻意感染需要在可控的情况下,研究人员可以在相对较短的时间内针对较少的受试者(通常是在几个月内对 30~40 个受试者)开展人体试验从而实现试验的目的,而且这种试验在掌握疾病传播和发展的机理上也常常比常规的双盲试验更有优势。[1] 人体挑战试验不再需要按照当前全球疫苗人体试验的普遍规范,即在没有临床感染干预的情况下,通过 III 期临床试验、双盲等经典的临床试验方法,对受试者进行数月的跟踪,收集"自然"条件下的试验数据,而是通过人工控制加

---

〔1〕 Mackay D., Saylor K. W., "Four Faces of Fair Subject Selection", *Am J. Bioeth*, 2020, 20(2): pp. 5-19.

快临床数据采集的过程，极大地压缩疫苗从批准到上市应用的时间。

（一）人体挑战试验中受试者自我决定权与社会公共利益的冲突

与一般的人体试验不同，人体挑战试验（以下简称 HCT）中的受试者被病原体感染的同时也具备了传染性。因此，几乎所有的 HCT 都需要受试者在封闭的医疗机构中，接受一定时间的隔离式医学观察，并等到其不再具有传染性的时候才可以离开医院。这就使得该人体试验的"撤出权"变得复杂，如果受试者因为各种原因执意离开医疗观察，撤出试验，科研团队是否应当同意，这充分体现了 HCT 中受试者自我决定权与社会公共利益的冲突。因为如果同意，受试者很有可能对当地的公共健康造成新的威胁，严重侵害社会公共利益；而如果不同意，则侵害了受试者的自我决定权。另外，对于 HCT 的性质、风险，如何真正地做到知情同意，除了受试者个体知情同意外是否还需要获得其所在社区的同意，该研究是否会导致疫情防控和研究工作之间的冲突，医疗保障措施不完善的国家是否可以开展该研究等问题，同样属于受试者自我决定权与社会公共利益之间需要认真加以考量的问题。

以前 HCT 多会采取"尤利西斯合约"，即要求志愿者自动放弃撤回权。但是在近 10 年的伦理讨论中，该合约被认为是低效甚至是无效的知情同意书。欧美伦理学者们认为，即便在 HCT 的环境下，不仅应该允许受试者撤出试验，而且应该将"知情不同意"列为科研管理常规。[1] 它的前提是把所有受试者均视为

---

〔1〕 Benjamin R.，"Informed Refusal：Toward a Justice-Based Bioethics"，*Sci-Technical Human Values*，2016，41（6）：967-990.

理性善良的个体，因此科研项目团队有必要尊重和了解其撤出的原因，如果受试者执意撤出，科研团队在伦理或行政上没有权力"扣留"受试者。[1] 当然，这未必一定会妨碍社区安全，因为其他卫生法律法规能够对流行病携带者进行规范，如接触者跟踪或社区隔离等。不过，某种意义上来说，这种思路在人体受试者的自我决定权和社会公共利益冲突的协同处理中，仍然是对前者予以了偏重。

（二）人体挑战试验中受试者自我决定权和社会公共利益的协同

所有的临床试验都是有风险的，在人体试验中风险受益比和风险控制是其中的关键因素。新冠疫情的人体试验中，同样应当从风险受益比出发。如果 HCT 的结果呈阳性，那么，研究通过招募年轻的成年人便可以通过人群的免疫措施间接地保护老年人。风险控制措施，除了研究方法之外，在此类研究中还需要考虑受试人群的人选，应当首选本来就因为从事的职业或居住地等原因更容易感染的人群，另外，抵抗力较好的年轻人也是首选对象。最后，还要考虑研究团队的能力、研究所在的医疗机构的救治能力等。因此，疫情期间如果研究的风险控制措施恰当，在可能迅速控制疫情和公众的健康利益面前，此类研究在伦理学上是可以接受的。[2]

从传统的医学人体试验来看，一般不把人体研究的社会价值作为判断其是否可以开展的主要依据。但是，在新冠疫情中，该

〔1〕 Lynch H. F., "The Right to Withdraw from Controlled Human Infection Studies: Justification and Avoidance", *Bioethics*, 2020, 34（2）: 833-848.

〔2〕 Jamorzik E., Selgelid M. J., "Ethical Issues Surrounding Controlled Human Infection Challenge Studies in Endemic Low and Middle Income Countries", *Bioethics*, 2020, 34（8）: 797-808.

因素却成为一个需要重点考虑的内容。2020 年 5 月底，美国 22
位学者在《Science》上联名发表了关于新冠疫苗 HCT 研究中伦
理原则，而且把"社会价值"列为最重要的伦理考量。[1] 从某
种角度上讲，HCT 从风险受益比的"风险"转移到"社会价值"
上是对受试者自我决定权更深层次的保护。2018 年，英国医学
科学研究院的最新讨论中明确指出，传统的以"风险规避"为
主的人体试验原则往往对儿童、孕妇等弱势群体置之不理，也不
利于高效地应对公共卫生实践。因此，该研究院主张，应当在
"极端谨慎"的前提下，才能将上述常规意义上的弱势群体纳入
HCT 志愿者范畴内。

---

〔1〕　Shah S. K., Miller F. G., Darton T. C., et al., "Ethics of Controlled Human Infection to Address COVID-19", *Science*, 2020, 34（8）：833-834.

结　语

在社会公共利益和个人利益（或个人权利）的关系上，尽管有罗马法学者西赛罗主张"公益优先于私益"，但有孟德斯鸠对此加以反对，"个人的私益应该向公共的利益让步"的说法是"荒谬背理之论"，因为公共的利益永远是每一个人永恒不变地保有民法所给予的财产。[1] 而德国学者哈特穆特·毛雷尔认为，公共利益和个人利益有时相互一致，有时相互冲突。[2] 德国法学家拉仑兹主张，必须采取在个案中进行法益衡量的方法，因为缺乏一个由所有法益及法价值构成的、可以像读图表一样获得结论的确定阶层秩序。不过，为了解决这一冲突，首先取决于"依基本法的价值秩序"，与此涉及的一种法益与其他种类的法益相比是否有明显的价值优越性，例如与其他法益（尤其是财产性的利益）相比，人的生命或人性尊严有较高的位阶。其次，如果涉及的利益位阶相同或者所涉及的权利如此歧异，以至于根本无从作抽象的比较，一方面取决于应受保护的法益被影响的程度，另一方面取决于拟让步的利益受害程度如何。最后适用比例原则，

---

〔1〕　［法］孟德斯鸠：《论法的精神》（下册），张雁深译，商务印书馆1963年版，第189～190页。

〔2〕　［德］哈特穆特·毛雷尔：《行政法学总论》，高家伟译，法律出版社2000年版，第40页。

最轻微侵害手段或尽可能微小限制的原则。[1]

对于人体试验受试者自我决定权的尊重，无疑是对其作为主体的人的尊重。一方面，权利确立了人的主体性。权利是人作为主体的标志和确证，没有权利就没有主体，没有权利的主体就不是真正的主体。另一方面，权利是对主体内在自由要求的弘扬。受试者的自我决定权是对其自由决定是否参与人体试验的内在要求的弘扬，自我决定权是对受试者自由的确认。通过自我决定权的行使实现受试者是否参与人体试验的自由。另外，渴望被赋予选择是否参与人体试验的自我决定权，是受试者的内在本性。权利是一种重要的利益调整机制，权利和利益之间有着天然的必然联系。"承认人们的利益，就必须承认需要的权利，因为利益在法律上的表达就是权利，只有利益法律化为权利，才是合法的、安全的、可预测的。"[2] 正是由于自我决定权是对受试者个人的尊重，人体试验受试者的自我决定权才能与社会公共利益之间开展协同机制的研讨分析。

在人体试验中，就法律地位而言，无论是受试者的自我决定权还是社会公共利益都不具有绝对的优先位阶，因为二者之间既有对立的一面，又有融合统一的一面，并且二者都是现代法治理念之下应受法律保护的利益，无所谓哪一种利益优先的问题，而是应当在人体试验受试者自我决定权和社会公共利益之间建立一种协同治理的共同体。这种共同体既是在联结形式上建构的一个具有明确工作任务要求的工具性的共同体，也是一个具有具体目标导向的价值性的共同体。人体试验受试者和研究者之间将通过共同体建设，最大限度地实现人体试验受试者自我决定权和社会公共利益的协同。

---

〔1〕　［德］卡尔·拉仑茨：《法学方法论》，陈爱娥译，商务印书馆 2003 年版，第 279～285 页。

〔2〕　张文显：《法哲学范畴研究》，中国政法大学出版社 2001 年版，第 366 页。

致　谢

　　兜兜转转，本书写了近两年的时间。期间经历了《民法典》《基本医疗卫生与健康促进法》的正式颁布实施以及新冠肺炎疫情的肆虐与控制，使得本书的不少内容也随之进行了相关的修改。在撰写和修改的过程中，我不仅加深了对《民法典》和《基本医疗卫生与健康促进法》的认识和了解，也深刻理解了人体试验受试者对于新药研制和新的医疗技术研发的重要性，为本书能够更加深入地分析人体试验受试者自我决定权与社会公共利益的协同模式提供了宝贵的立法和实践资料，以期能够通过对于理论的分析实现人体试验受试者自我决定权与社会公共利益协同模式尽可能符合实际的构建。

　　敲完本书的最后一个字，内心并没有之前预想的那样轻松，反而愈发沉重。并非"为赋新词强说愁"，而是因为越是随着研究的深入，越发现在人体试验受试者自我决定权与社会公共利益之间有着诸多难以协同之处。能为诸位同仁提出一些值得思考的问题，便已经是本书的成功之处。

　　特别感谢中国政法大学大健康法治政策创新中心为本书出版提供的资助，使我能够不为俗务所扰，全身心地投入到本书的研究中。感谢教育部人文社科规划基金的资助。感谢我的博士后合作导师中国社会科学院大学法学研究所的陈甦研究员，指导我在博士后期间完成了关于患者自我决定权的研究，为本书的研究奠定了一定的基础；感谢我的博士指导老师中国人民大学法学院的杨立新教授，为我提供了医事法学的研究方向，对我的每一篇论文都进行认真的批改和指点，为我未来的发展道路指明了方向；感谢武汉大学法学院的汪习根教授和陈岚教授，在我攻读法律硕士期间对我的课后作业给予了高度的评价，并帮助我在 CSSCI 期刊发表了两篇学术论文，激励了我从事学术道路的信心；感谢我在本科阶段所有的临床医学和基础医学的老师们，是他们让我有了医学的专业知识，才能够在现在的教学和科研工作中，将医学知识和法学知识融会贯通，更好地成为一名专业的医事法学的教学工作者和研究者。还要感谢从幼儿园开始到高中阶段全部的老师，身为人师数十载，更明白"蜡炬成灰泪始干"的深刻含义。谢谢老师们的无私奉献。

　　还要感谢我的父亲、母亲，从读大学开始，我就只有寒暑假才会回家。每次到家，面对父母的呵护都感觉自己像个没长大的孩子。感谢我的公公、婆婆，从我们夫妇结婚以后，就一直照顾我们，让我可以安心备课、写作。感谢我的丈夫，这么多年来始终默默地支持我追求自己的梦想，从来没有任何怨言。感谢我的妹妹、弟弟，我身为长姐却因为常年在外地学习工作，家里的事情几乎没有管过。感谢我的女儿，从 4 岁开始就跟着我到处奔波，因为开始北京的工作没有最终确定，她在北京就上了 3 所幼儿园。幸亏性格开朗，每次都能够很快适应新的环境。

　　最后，或许还应该感谢我自己。没有沉迷于之前睁开眼就可以躺在大大的阳台上晒太阳的某种意义的幸福生活中，而是在还能够奋斗的年纪选择了努力学习和工作。不管结果如何，此生无悔。不管本书是否能够如愿出版，时光无悔。

北京中医药大学人文学院法律系　王丽莎
2021 年 10 月 24 日　凌晨 1 点 35 分